CB056519

CONTOS CH'AN 2

ALGUMAS OBRAS DO AUTOR

EM PORTUGUÊS:

- *Histórias Ch'an comentadas pelo Venerável Mestre Hsing Yün (vol. 1)*
- *Cultivando o bem. Uma perspectiva budista para o cotidiano*
- *Budismo puro e simples. Comentários sobre o Sutra das Oito Percepções dos Grandes Seres*
- *Budismo significados profundos*
- *Sutra do Buda da Medicina com introdução, preces, comentários e o ensaio "Budismo, medicina e saúde"*
- *Purificando a mente. A meditação no budismo chinês*

BIOGRAFIA DO VENERÁVEL MESTRE

- *Fu Chi-Ying. Espalhando a luz. Hsing Yün: Uma vida dedicada ao Darma*

EM INGLÊS:

- *How I Practice Humanistic Buddhism*
- *Humble Table, Wise Fare. Hospitality for the Heart (2 vols.)*
- *Perfect Willing*
- *The Philosophy of Being Second*
- *Happily Ever After*
- *The Carefree Life*
- *Pearls of Wisdom: Prayers for Engaged Living (2 vols.)*
- *Humanistic Buddhism: A Blueprint for Life*
- *Between Ignorance and Enlightenment (2 vols.)*
- *A Moment, A Lifetime*
- *A Life of Pluses and Minuses*
- *Let Go, Move On*
- *Star and Cloud*
- *Humanistic Buddhism for Social Well-being*
- *The Diamond Sutra in Chinese Culture Before the Song Dynasty*
- *Understanding the Buddha's Light Philosophy*

CONTOS CH'AN

volume
2

Comentados pelo
venerável mestre
HSING YÜN

Tradução:
Luciana Franco Piva

Editora de Cultura

Título original:
HSING YUN'S CH'AN TALK 2
Fo Kuang Publishing House, ISBN 957-543-145-6 (Taiwan)

2004 © FO GUANG SHAN/BRASIL
2004 © MIRIAN PAGLIA EDITORA DE CULTURA
    ISBN: 85-293-0094-7
    Publicado mediante contrato firmado com
    FO GUANG SHAN/BRASIL

Todos os direitos reservados.
Nenhuma parte deste livro poderá ser
reproduzida, sob qualquer forma,
sem prévia autorização da editora.

EDITORA DE CULTURA
Rua José de Magalhães, 28
04026-090 • São Paulo • SP
Fone: (11) 5549-3660
Fax: (11) 5549-9233
e-mail: sac@editoradecultura.com.br

Primeira edição: Outubro de 2004
Impressão: 5ª   4ª   3ª   2ª   1ª
Ano: 08   07   06   05   04

Dados Internacionais de Catalogação na Publicação (CIP)

Y95b   Yün, Hsing
          Contos Ch'an (vol. 2) / comentados pelo venerável mestre Hsing Yün;
          tradução Luciana Franco Piva. –
          São Paulo: Mirian Paglia Editora de Cultura, 2004
          128 p.; 16 x 23 cm.

          ISBN: 85-293-0094-7
          Título original: Hsing Yun's Ch'an Talk

          1. Buda. 2. Carma. 3. Dharma (Budismo). 4. Contos Zen. 5. Filosofia
          budista. 6. Zen-budismo. I. Título.

04-5221   CDD-294.3927

Indíces para catálogo sistemático
1. Contos Ch'an: Budismo Ch'an: Religião
294.3927

SUMÁRIO

Prefácio 9

1 Onde você vai se agachar? 12
2 Mentiras verdadeiras e mentiras falsas 14
3 Mente e natureza 16
4 A natureza das virtudes mundanas 18
5 Nada pode ser alcançado 20
6 Você está ouvindo? 22
7 As preocupações do Buda 24
8 O osso que recobre a pele 26
9 Surras e gritos 28
10 Você é um Buda 30
11 Despedaçando os ossos do vazio 32
12 Procurando nada 34
13 Procurando o antílope 36
14 A nuvem no céu azul 38
15 Não acreditar é a verdade 40
16 O uso maravilhoso do Ch'an 42
17 A essência do Ch'an 44
18 O que não pode ser roubado 46
19 Não se preocupe com isso 48
20 O corpo inteiro é o olho 50
21 O caminho de pedras é escorregadio 52
22 Como sua mente pode mover-se? 54
23 Transcendendo nascimento e morte 56
24 Ele não pronunciou palavra 58
25 Quem está no poço? 60

26 Recebendo visitantes 62
27 Valorize o momento presente 64
28 Yün-Men dentro e fora 66
29 Roube apenas uma vez 68
30 Deixe-se levar 70
31 O paraíso e o inferno em um balde d'água 72
32 Uma boca cheia de bons dentes 74
33 Desapego 76
34 Ouvindo e vendo 78
35 Buscando o caminho do Buda 80
36 O que é ensinado? 82
37 Saldando velhas dívidas 84
38 O bem e o mal no mesmo coração 86
39 O sujeito dedicado ao próprio aperfeiçoamento 88
40 Indo para o inferno 90
41 Dragão gera dragão 92
42 Não conseguindo empregar a mente cotidiana 94
43 Patos selvagens 96
44 "Mim" de ponta-cabeça 98
45 Essas palavras não são suas 100
46 Vamos! 102
47 Vá embora 104
48 Grande coragem 106
49 Não pensando nem no bem nem no mal 108
50 Vazio e não-existência 110

Obras citadas 112
Glossário 113
Sobre o autor 119

PREFÁCIO

"Caminhe como o Buda."
Com estas palavras, o Venerável Mestre Hsing Yün encoraja todos a praticar e receber a transmissão do Ch'an que chega a nós de geração a geração desde o instante em que o Iluminado, colhendo uma flor, silenciosamente transmitiu ao discípulo Mahakashyapa seu Darma de mente para mente.

Se colocarmos um belo e perfumado arranjo de flores em uma sala limpa e aconchegante, ele irá exalar vitalidade e vigor em nossa casa. Quando penduramos uma pintura chinesa com uma paisagem que retrata encostas e picos envoltos em nuvens e cobertos de neve, a superfície branca e ampla da parede dará a impressão de abraçar as montanhas e os rios. Da mesma forma, torna-se mais gostoso o prato bem temperado. O Ch'an é como as flores, o quadro e os temperos! É possível compreender com maior clareza o significado da vida quando a complementamos com o sabor do Ch'an. Como diz um poeta: "A lua lá fora é sempre a mesma, mas parece mais radiante quando a ameixeira floresce".

Vivendo numa sociedade agitada, intensa, turbulenta e caótica, precisamos de algo que tranqüilize a mente impetuosa. Indubitavelmente, o Ch'an é a força capaz de nos livrar das ansiedades e preocupações, assim como de acalmar a mente e o coração. O Ch'an reflete sabedoria, graça e compaixão e pode agir preventivamente contra a formação de desejos e outros pensamentos perturbadores. Aquele que se deixa guiar por sua tranqüilidade, humor, profundidade e por sua natureza libertadora não será perturbado por palavras más, comportamento rude ou lembranças dolorosas. Diante do Ch'an, tudo isso simplesmente se desvanece, como neblina ou fumaça.

O Ch'an alça a vida ao nível da arte. Manifesta a perfeição da vida, revelando a natureza original subjacente a todos os fenômenos. Os maravilhosos ensinamentos do Ch'an não se confinam aos templos, nem tampouco aproveitam apenas a monges e monjas. Eles pertencem a todos, a cada família e a cada ser humano. Não há quem não necessite de sua sabedoria, espontaneidade, liberdade e ética na vida diária.

Felizmente, porque sua conotação vai além do escopo das palavras: o Ch'an abomina escrituras dogmáticas. Espero que os leitores consigam ler as entrelinhas e perceber os sutis, mas profundos, efeitos e implicações do Ch'an, e como podem ser incorporados em sua vida.

Era inevitável oferecer estas histórias a públicos cada vez mais amplos por meio de traduções, de modo a possibilitar que mais e mais gente se beneficie com a sabedoria do Ch'an. Embora esses sagazes *kung-ans* dispensem maiores conhecimentos da filosofia budista para serem apreciados, acrescentamos notas e um glossário ao texto original, visando enriquecer a experiência do leitor. Dessa forma, este volume serve como boa introdução às maravilhas do Ch'an. Dentro do razoável, procuramos limitar o uso de termos novos, mas mantivemos algumas palavras sânscritas e chinesas por falta de tradução adequada.

Passados pouco mais de três anos da publicação de *Histórias Ch'an – Comentadas pelo Venerável Mestre Hsing Yün, que* já se encontra em segunda edição no Brasil, o Templo Zu Lai e a Associação Internacional Luz de Buda (Blia) enchem-se de alegria ao apresentar aos leitores de língua portuguesa o segundo volume da coleção de quatro títulos que na versão em inglês receberam o nome de *Hsing Yün's Ch'an Talk*, agora mais adequadamente designados em português como *Contos Ch'an*.

Ao lançar este novo livro, não poderíamos deixar de externar nossa imensa gratidão à respeitada tradutora do primeiro volume, Thalysia de Matos Peixoto Kleinert, pelo dedicado e generoso trabalho realizado em 2000, quando, mesmo adoentada, incansavelmente realizou a versão do primeiro livro para o português, levando a cabo sua última realização pelo Darma. Estamos certos de que, de onde ela possa estar, nos vê com seus olhos sorridentes, lembrando-se de seu voto de retornar para continuar a tarefa.

Agradecemos também a seu esposo, Walter, e a toda a família Kleinert, por terem aberto as portas da Editora Shakti para que a primeira obra em português do Venerável Mestre Hsing Yün a ser editada no Brasil pudesse ser apreciada por muitas pessoas ansiosas por provar do Darma em sua forma mais poética.

Este volume representa o esforço conjunto de muitos indivíduos que se dedicaram à meta comum de disseminar o texto para novos públicos. Gostaríamos de aproveitar a oportunidade para agradecer a todos os que participaram dos trabalhos de tradução, revisão, correção e edição, possibilitando a publicação deste livro e esperamos em breve trazer aos nossos leitores os volumes 3 e 4 desta série de contos Ch'an.

Centro de Tradução Fo Guang Shan – Brasil

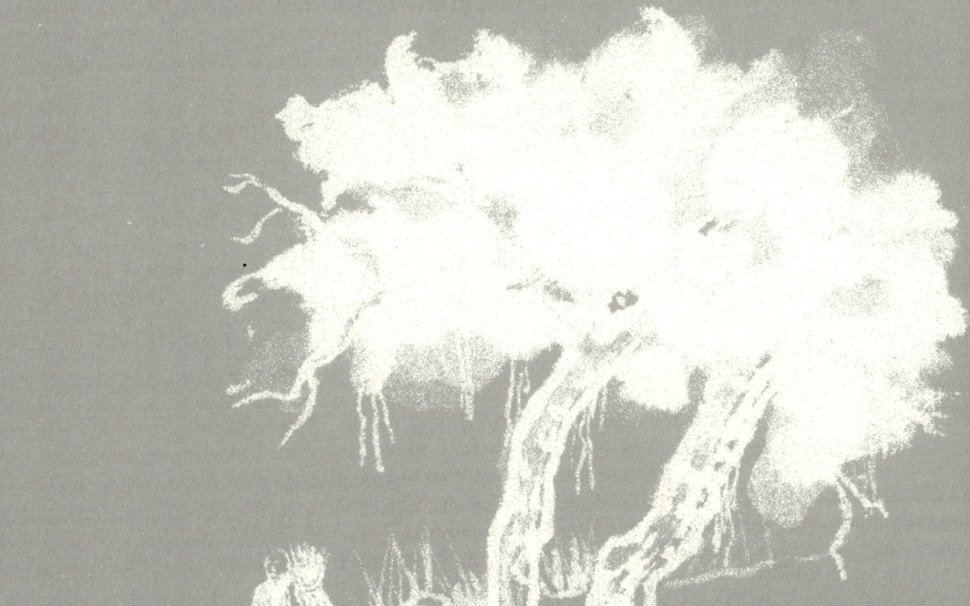

1

ONDE VOCÊ VAI SE AGACHAR?

Um monge noviço perguntou a Mestre Hsi-shan, da Escola Ch'an: "O que significa o patriarca ter vindo do Ocidente?".

Em resposta, Mestre Hsi-shan levantou o espanador Ch'an. Insatisfeito, o noviço foi embora e procurou orientação com outro mestre da mesma escola: Hsüeh-feng.

Mestre Hsüeh-feng perguntou-lhe: "De onde você vem?".

O noviço respondeu: "Neste verão, estive seguindo Mestre Hsi-shan, de Su-chou".

Hsüeh-feng então perguntou: "Como está ele?".

"Quando saí, estava bem", respondeu o noviço.

Hsüeh-feng continuou: "E por que você não ficou lá para aprender com ele?".

"Ele não compreende o Ch'an dos patriarcas", disse o noviço.

"Por que diz isso?", indagou Hsüeh-feng.

"Quando lhe perguntei 'o que significa o patriarca ter vindo do Ocidente', ele levantou o espanador Ch'an e não disse nada."

Hsüeh-feng indagou então: "Você viu homens e mulheres em Su-chou?".

"Vi!", exclamou o noviço.

"Viu flores e árvores ao longo do caminho?"

"Vi!", voltou a exclamar o noviço.

Então, Hsüeh-feng observou: "Muito bem. Quando você vê homens e mulheres, sabe que há diferenças óbvias entre eles. Quando vê flores e árvores, sabe que têm diferentes nomes e funções específicas. Os rios, as montanhas e a grande Terra não lhe falaram nada a respeito do Darma, mas, apesar disso, você compreendeu seu significado, certo?".

O noviço assentiu.

Hsüeh-feng indagou então: "Quando Mestre Hsi-shan levantou o espanador Ch'an em resposta à sua pergunta, por que você não entendeu o Darma implícito em seu gesto?".

Ao ouvir tais palavras, o noviço repentinamente compreendeu o que estava subentendido. Agradeceu a Mestre Hsüeh-feng e desculpou-se: "Fui descuidado com minhas palavras, peço perdão! Gostaria de reencontrar Mestre Hsi-shan e pedir-lhe que me perdoe".

Hsüeh-feng retrucou: "O universo inteiro é um olho. Onde você vai se agachar?".

Embora não conseguisse encontrar um lugar onde se agachar e esconder a vergonha que sentiu, o noviço abraçou o universo em seu interior. Ainda que seus olhos físicos não tivessem reconhecido o espanador do mestre, ele possuía o olho da sabedoria que lhe possibilitou ver o universo inteiro. A mente daquele que se arrepende [liberta-se de apegos e ilusões do passado] desperta em um átimo de pensamento. O universo inteiro e a Terra passam a ser reconhecidos como o Darma. Isso é o que significa dizer que levantar o espanador pode levar à iluminação.

2
MENTIRAS VERDADEIRAS E MENTIRAS FALSAS

Certa vez, encontraram-se dois mestres da Escola Ch'an. Mestre Tao-kuang perguntou a Mestre Ta-chu Hui-hai: "Mestre, como o senhor utiliza a mente para praticar o Caminho?".

"Não tenho mente para usar nem caminho para praticar", respondeu Ta-chu.

Depois de ponderar sobre a resposta, Tao-kuang perguntou: "Se o senhor não tem mente para usar nem caminho para praticar, por que reúne seguidores e os incentiva a meditar e praticar o Caminho?".

"Não tenho teto sobre mim, tampouco espaço onde possa me postar. Em que lugar conseguiria reunir seguidores?"

Tao-kuang disse: "Mas a verdade é que o senhor reúne seguidores todos os dias para falar sobre o Caminho. Isso não configura ensinar o Darma?".

Ta-chu contrapôs: "Por favor, não me acuse falsamente. Não posso sequer falar, como poderia expor o Darma? Não atendo uma única pessoa sequer, como você pode dizer que estou reunindo seguidores?".

Em tom acusatório, Tao-kuang disse: "Mestre, o senhor está mentindo".

Ta-chu retorquiu: "Se nem língua tenho, como poderia mentir?".

Tao-kuang indagou: "O senhor está tentando me dizer que este mundo, incluindo todos os seres, sua existência e a minha, a meditação e o ensinamento do Darma são todos irreais?".

Ta-chu exclamou: "É tudo real!".

Tao-kuang perguntou: "Mas, se isso tudo é real, por que o senhor o nega?".

"Temos que negar o falso, assim como o verdadeiro!", declarou Ta-chu.

Tao-kuang iluminou-se naquele instante.

Às vezes, temos de compreender a verdade pela afirmação; outras vezes, pela negação. De acordo com o *Sutra Coração*, "forma é vazio, vazio é forma. O mesmo é válido para sentimento, percepção, atividade e consciência...". Isso significa que podemos compreender a vida e o mundo dos fenômenos pela afirmação. O *Sutra Coração* diz também: "Não há olhos, ouvidos, nariz, língua, corpo ou mente; não há forma, som, olfato, paladar, tato ou idéia...". Essa afirmação implica que podemos entender a vida e o mundo dos fenômenos pela negação. Ao negar todas as coisas, Mestre Ta-chu Hui-hai não mentia, pois na verdade negá-las todas é o mesmo que afirmá-las.

3
MENTE E NATUREZA

Um monge noviço foi ter com o mestre Ch'an Nan-yang Hui-chung e perguntou: "Ch'an é outro nome para mente. 'Mente' é a verdadeira natureza, aquela que não se torna mais grandiosa em um Buda e tampouco menos grandiosa na pessoa comum. Os patriarcas Ch'an mudaram o nome dessa 'mente' para 'natureza'. Gostaria de perguntar, Mestre, qual a diferença entre mente e natureza?".

Hui-chung respondeu: "A diferença existe apenas quando se está iludido. Quando se está iluminado, não há diferença".

O noviço continuou questionando: "O sutra afirma que a natureza búdica é permanente, ao passo que a mente é impermanente; por que então o senhor diz que não há diferença?".

Pacientemente, Mestre Hui-chung respondeu: "Você compreendeu as letras do que estava escrito, mas não o significado. Por exemplo, quando a temperatura cai até o ponto de congelamento, a água transforma-se em gelo; ao subir a temperatura, o gelo derrete e vira água. Da mesma maneira, quando a pessoa está iludida, a natureza intrínseca se transforma na mente, a qual se transforma em natureza intrínseca quando alcança a iluminação. Mente e natureza intrínseca são, originalmente, a mesma coisa; a diferenciação depende do indivíduo, que pode estar iludido ou iluminado". O noviço compreendeu.

Na terminologia budista, mente e natureza intrínseca têm muitos sinônimos, tais como "verdadeira face", "*tathagatagarbha*" (o ventre ou depósito dos ensinamentos do Buda), "*Darmakaya*" (o corpo espiritual ou absoluto), "realidade absoluta", "*bhutatathata*" (essência ou substância), "corpo verdadeiro", "mente verdadeira", "*prajna*" (sabedoria), "Ch'an" e assim por diante. A finalidade de todos esses sinônimos é ajudar-nos a compreender a nós mesmos. Ainda que algumas pessoas sejam mais iludidas que outras, a verdadeira natureza de cada uma não difere — é algo como o ouro, que pode ser moldado de diferentes modos e em vários tamanhos para fazer brincos, pulseiras, colares e assim por diante, mas sua natureza não muda. Similarmente, a mente e a natureza podem ser nomes diferentes, mas ambas são, na verdade, nossa essência.

4

A NATUREZA DAS VIRTUDES MUNDANAS

Mestre Yün-chü, da Escola Ch'an, construiu uma choupana no templo de Mestre Tung-shan Liang-chieh, da mesma escola, e iniciou um retiro solitário.

Em uma ocasião, Mestre Yün-chü não apareceu no refeitório por dez dias seguidos. Preocupado, Mestre Tung-shan perguntava-se o que ele estaria fazendo. Assim, mandou chamá-lo e perguntou: "Por que você não tem vindo se alimentar ultimamente?".

Mestre Yün-chü respondeu, jubiloso: "Um *deva* me traz comida todos os dias!".

Ao que Tung-shan comentou, zombeteiro: "Eu tinha mesmo desconfiado que você era uma pessoa inculta, apegada a virtudes mundanas! Vemo-nos amanhã".

No dia seguinte, Yün-chü foi ter com Mestre Tung-shan. Este o recebeu gritando-lhe o nome, ao que Yün-chü respondeu educadamente. De repente, Tung-shan perguntou: "O que é melhor, virtudes mundanas ou compreender a natureza das virtudes mundanas?".

Yün-chü ficou perplexo. Consumindo-se em dúvidas, voltou para a solidão de sua choupana e começou a contemplar. Por três dias, o *deva* não lhe trouxe nenhum alimento. Por fim, ele entrou em contato com o estado incondicional em que poderia desfrutar do poder nutriente do Ch'an.

Os praticantes do Ch'an não devem se apegar às virtudes mundanas, porque estas são tão impermanentes quanto qualquer fenômeno deste mundo. Em vez disso, o praticante do Ch'an deve cultivar a mente Ch'an, transcendendo honra e desonra, certo e errado.

5

NADA PODE SER ALCANÇADO

Um dia, Mestre Yang-shan Hui-chi perguntou a Mestre Shuang-feng: "Irmão no Darma, que tipo de compreensão você alcançou com sua prática?".

"Pelo que sei, nada pode ser alcançado."

Hui-chi disse: "Você ainda está em estado mundano".

Shuang-feng questionou: "Já alcancei o estado em que nada pode ser alcançado. Então, o que o autorizaria a dizer que continuo em estado mundano?".

Hui-chi retorquiu: "Você acha que alcançou o estado em que nada pode ser alcançado, mas isso, na verdade, equivale a alcançar algo".

Shuang-feng comentou: "É o melhor que posso fazer. Não me sinto atraído pelos prazeres sensuais e minha mente não é mais perturbada pelo que acontece ao meu redor. Irmão no Darma, em sua opinião, o que eu deveria fazer?".

Hui-chi perguntou: "Por que você não se dedica a buscar a verdade implícita em 'nada pode ser alcançado', por exemplo?".

Ao ouvir isso, o professor deles, Mestre Kuei-shan Ling-yu, da Escola Ch'an, ficou satisfeito e disse: "Hui-chi, o que acabou de dizer gerará muitas dúvidas na mente de todos aqueles que se encontram sob os céus".

Shuang-feng ainda não compreendera e pensou: "Uma vez que nada pode ser alcançado, o que se poderia buscar?".

Mestre Ling-yu, que sabia o que Shuang-feng estava pensando, lhe disse: "Você é um desses sob os céus".

Os praticantes do Ch'an devem praticar para conseguir compreender o conceito de "não praticar" e alcançar o estado de "não alcançar", porque a prática da "não prática" é a "verdadeira prática" e alcançar o "não alcançar" é o "verdadeiro alcançar".

6
VOCÊ ESTÁ OUVINDO?

Enquanto o primeiro-ministro Tu Hung-chien discutia o Darma com o mestre Ch'an Wu-chu nos fundos do monastério, um corvo crocitava em uma árvore próxima. Quando Mestre Wu-chu perguntou se estava ouvindo o barulho da ave, o primeiro-ministro respondeu: "Estou, sim".

Então, o corvo levantou vôo e Mestre Wu-chu perguntou se o primeiro-ministro ainda estava ouvindo o crocitar do corvo. Este respondeu: "Não, não mais".

"Ainda ouço o corvo", declarou Mestre Wu-chu.

Diante disso, o primeiro-ministro perguntou, desconfiado: "Mas o corvo já se foi, como pode dizer que ainda consegue ouvi-lo?".

Mestre Wu-chu explicou: "Ouvir ou não ouvir nada tem a ver com a natureza do ouvir, que não pode ser produzida ou destruída. Quando existem sons, a qualidade do som surge por sua própria conta. Quando não há som, a qualidade do som finda por sua própria conta. O ouvir não surge ou cessa quando o som surge ou cessa. Se conseguirmos compreender a natureza do ouvir sob essa perspectiva, nunca mais seremos afetados pelo som. Devemos reconhecer que o som é impermanente e que o ouvir nem surge nem cessa. Ainda que o corvo venha e vá, nossa audição não vem nem vai".

O primeiro-ministro compreendeu.

Todos os fenômenos do mundo são relativos, como ir e vir, alto e baixo, ter e não ter, surgir e cessar e assim por diante. Por causa de nossas ilusões, fazemos distinções de todos os gêneros e vivenciamos muitos tipos de apego. Se realmente compreendermos que o crocitar do corvo vem e vai e não pode ser movido por fenômenos do mundo, conseguiremos verdadeiramente apreciar o lindo "som de uma única mão que bate palmas".[1]

[1] "O som de uma única mão que bate palmas" é um célebre *kung-an* que costuma ser utilizado como objeto de contemplação pelos praticantes do Ch'an.

7
AS PREOCUPAÇÕES DO BUDA

Um devoto perguntou ao mestre Ch'an Chao-chou Tsung-shen: "O Buda tem preocupações?".

Chao-chou exclamou: "Tem!".

O devoto indagou: "Se o Buda já se iluminou, por que ainda teria preocupações?".

Chao-chou respondeu: "Porque você ainda não se libertou do sofrimento".

O devoto continuou: "Se eu me aperfeiçoar e me libertar do sofrimento, o Buda continuará a ter preocupações?".

"Continuará!", exclamou Chao-chou novamente.

E então o devoto voltou a indagar: "Se eu já estiver libertado, por que o Buda ainda teria preocupações?".

Chao-chou explicou: "Porque existem muitos outros seres além de você".

O devoto questionou: "Mas libertar todos os seres do sofrimento é algo impossível. Assim sendo, será que o Buda sempre terá preocupações e jamais conseguirá transcendê-las?".

Chao-chou respondeu: "O Buda já transcendeu todas as preocupações e delas se desapegou".

O devoto inquiriu: "Uma vez que nem todos os seres se libertaram ainda, como é possível que o Buda não tenha mais nenhuma preocupação?".

"Porque, na natureza intrínseca do Buda, todos os seres já foram libertados", disse Chao-chou.

Naquele momento, o devoto conquistou maior compreensão.

As preocupações das pessoas comuns e dos seres sencientes surgem da ignorância, ao passo que as preocupações do Buda brotam de sua compaixão. Sob a perspectiva da sabedoria *prajna*, o Buda não tem preocupações. Será que nossas preocupações são geradas por nossa compaixão ou pela *prajna*? Devemos ter o cuidado de nos proteger contra as preocupações oriundas da ignorância.

8

O OSSO QUE RECOBRE A PELE

Um noviço viu uma tartaruga ao lado do templo e perguntou a Mestre Ta-sui, da Escola Ch'an: "Na maioria dos animais, a pele recobre os ossos. Por que, na tartaruga, é o osso que recobre a pele?".

Em vez de responder com palavras, Mestre Ta-sui tirou sua sandália de palha e com ela cobriu a tartaruga.

Mestre Shou-tan, da Escola Ch'an, escreveu um poema sobre esse episódio:

> A pele da tartaruga é obviamente coberta por uma camada de osso;
> Mesmo as rachaduras e os desenhos são vistos claramente.
> Quando foi recoberta com uma sandália de palha,
> O noviço não compreendeu o que Ta-sui quis dizer.

Outro mestre Ch'an, Fo-teng, também compôs um poema:

> O Darma não surge por si próprio,
> Mas das condições corretas.
> Uma tartaruga não consegue subir pela parede;
> As pessoas usam a sandália de palha para andar.

O mestre Ch'an Pao-feng, por sua vez, expôs claramente:

> O sino é feito para ser tocado,
> Os raios da roda são feitos de ferro.
> A água flui para leste,
> Enquanto o sol se põe a oeste!

As pessoas são curiosas sobre o que vêem à sua volta. Esse sentimento incentiva a busca do conhecimento, mas também representa um obstáculo à conquista da iluminação. A mente cotidiana é a mente da iluminação.

O noviço queria saber por que a pele da tartaruga é recoberta por ossos. Mestre Ta-sui cobriu a tartaruga com sua sandália de palha para cobrir a fonte de nossa ilusão.

Mestre Fo-teng escreveu: "A tartaruga não consegue subir pela parede / As pessoas usam a sandália de palha para andar". Mestre Pao-feng escreveu: "A água flui para leste/ Enquanto o sol se põe a oeste!". Ainda que essas frases sejam simplesmente sensatas, há algo de extraordinário no ordinário — a saber: a lei da gênese condicionada. Se isso for compreendido, isso será o Darma, a mente do Ch'an e a iluminação!

9
SURRAS E GRITOS

Por muito tempo, era costume os mestres Ch'an carregarem um bastão, como símbolo de autoridade. O bastão não era utilizado com freqüência para bater nos alunos; destinava-se mais a transmitir uma certa mensagem durante a discussão dos *kung-ans* Ch'an.

Um dia, dois irmãos no Darma procuraram Mestre Wu-te, da Escola Ch'an, para receber ensinamentos. Todas as vezes que entravam para a aula, o Mestre batia neles com o bastão. Tal era a agilidade e a precisão do mestre que os dois nunca conseguiam se esquivar dos golpes.

Até que um dia os dois resolveram discutir a situação. O mais jovem disse: "Já estamos aqui há algum tempo e até agora só apanhamos, sem receber nenhum conhecimento. Estou querendo ir embora, mas não é fácil encontrar melhor mestre que Wu-te".

O mais velho sugeriu: "Que tal se na próxima aula ficássemos do lado de fora da sala? Mesmo com toda a rapidez, o mestre não conseguirá nos atingir".

No dia seguinte, os dois postaram-se do lado de fora da sala e pediram: "Por favor, diga-nos, qual é o significado de o patriarca ter vindo do Ocidente?".

Mestre Wu-te bradou: "Suas criaturas desrespeitosas!".

Tamanho foi o susto com o berro que os dois se ajoelharam, dizendo: "Não sabíamos que os gritos do mestre são muito mais rápidos e poderosos que suas surras!".

O praticante do Ch'an jamais deve buscar o conhecimento "imediato". Se não empreendermos nossa própria prática — não importa o que um mestre venha a dizer nem o quanto possa gritar ou nos bater —, nunca iremos nos iluminar.

Com prática constante, uma simples palavra, um tapa ou berro no momento certo pode nos levar instantaneamente à iluminação.

10
VOCÊ É UM BUDA

Era uma vez dois irmãos que juntos praticavam o Ch'an. O mais velho observava os preceitos[2] muito estritamente, ao passo que o mais novo era preguiçoso e gostava de beber.

Um dia, o irmão mais novo bebia em seu quarto quando o mais velho casualmente passou por ali. O caçula chamou: "Irmão, venha tomar um trago comigo!".

O mais velho respondeu com desdém: "Você não tem vergonha, mesmo. Quando é que vai deixar disso?".

O mais novo retorquiu: "Nem beber você sabe, irmão. Você não é homem".

Enraivecido, o mais velho contrapôs: "Então, me diga, se não sou homem, o que é que sou?".

O mais novo respondeu: "Você é um Buda".

[2] Regras de conduta que devem ser seguidas pelos budistas, inclusive a de se abster de se intoxicar.

Que resposta maravilhosa! Com o humor de um mestre Ch'an, uma única palavra pode transformar guerra em paz.

11
DESPEDAÇANDO OS OSSOS DO VAZIO

Quando ainda era noviço, o mestre Ch'an Meng-ch'uang viajou milhares de quilômetros para ir estudar com Mestre I-shan, na capital.

Um dia, perguntou ao mestre: "Ainda não tenho clareza sobre o Darma, você poderia fazer o favor de me instruir?".

Mestre I-shan disse com ar grave: "Meu ensinamento não contém uma única palavra ou frase; tampouco tenho Darma algum para lecionar".

Meng-ch'uang suplicou: "O mestre não poderia ter compaixão e utilizar seus meios eficazes?".

Friamente, I-shan respondeu: "Não tenho meio eficaz e muito menos compaixão".

Depois de várias tentativas, Meng-ch'uang continuava sem entender o ensinamento de I-shan e pensou: "Já que o mestre não vai me ensinar nada mesmo, não adianta ficar aqui, porque não alcançarei a iluminação". E foi assim que ele deixou I-shan para trás e foi procurar o mestre Ch'an Fo-kuo.

No templo de Fo-kuo, ele recebeu surras cruéis. Aquilo foi demais para Meng-ch'uang, que foi embora dizendo ao mestre: "Se eu não me iluminar, jamais voltarei para visitá-lo".

Dali em diante, Meng-ch'uang dedicou-se dia e noite à meditação. Um dia, sentado sob uma árvore, sua mente esvaziou-se de apegos. Tarde da noite, Meng-ch'uang retornou ao quarto para descansar. Quando foi se deitar, pensando que iria se apoiar na parede, enganou-se e caiu no chão. Imediatamente, desatou a rir. Naquele exato momento, ele se iluminou e expressou seus sentimentos no seguinte poema:

Muitos anos gastos cavando a lama,
Procurando o céu azul.
Camadas e mais camadas de obstáculos foram encontradas.
Uma noite, depois de bater na parede, no escuro,
Os ossos do vazio foram despedaçados.

Para expressar sua gratidão depois da iluminação, ele foi visitar os dois mestres e apresentou a I-shan e Fo-kuo o que havia compreendido.

Fo-kuo elogiou-o e confirmou sua iluminação, dizendo: "Agora que você compreendeu o significado de o patriarca ter vindo do Ocidente, deve cuidar bem de si mesmo".

Mestres Ch'an do passado e do presente compartilham uma característica: a maioria se comporta de modo a intimidar, embora seu coração esteja repleto de compaixão. Quando declarou não ter meios eficazes ou compaixão, I-shan estava, na verdade, demonstrando seus meios eficazes e sua compaixão.

As surras ministradas por Mestre Fo-kuo eram sua forma de expressar seus meios eficazes e sua compaixão. Se ele não tivesse empregado tal método, Meng-ch'uang jamais atingiria a iluminação.

Os ventos da primavera e as chuvas do verão podem nutrir. Contudo, as geadas do outono e as neves do inverno também são necessárias ao crescimento de todas as coisas. Da mesma maneira, vários métodos eficazes são utilizados pelos mestres Ch'an para guiar as pessoas ao longo do caminho da maturidade espiritual.

12

PROCURANDO NADA

Hsüeh-tou, mestre Ch'an da dinastia Sung, encontrou um erudito confucionista chamado Tseng-hui às margens do rio Huai.

Tseng-hui perguntou: "Mestre, aonde vai?".

Muito educadamente, Hsüeh-tou respondeu: "Não tenho certeza. Talvez eu vá para Ch'ien-t'ang ou, talvez tome a direção de T'ien-t'ai".

Tseng-hui sugeriu: "Conheço Shan, o mestre Ch'an do Templo Ling-yin, somos bons amigos. Vou escrever-lhe uma carta de recomendação e estou certo de que ele cuidará de você".

Ao chegar ao Templo Ling-yin, sem apresentar sua carta de recomendação nem pedir para ver o abade, Mestre Hsüeh-tou simplesmente se juntou aos demais monges.

Três anos depois, Tseng-hui foi transferido para Chekiang. Um dia, foi ao Templo Ling-yin para visitar Mestre Hsüeh-tou, mas ninguém lá sabia quem era ele. Tseng-hui, sem acreditar naquilo, foi aos aposentos dos monges para ver por si próprio. Levou muito tempo para reconhecer Hsüeh-tou, que era apenas um dentre os mil monges que viviam no templo. Tseng-hui perguntou: "Por que você está se escondendo aqui? Por que não foi ver o abade? Acaso perdeu a carta de recomendação que lhe dei?".

Hsüeh-tou respondeu: "Como ousaria? Sou apenas um monge nuvem e água [andarilho]. Não estou procurando nada. Portanto, não me interessa ser seu mensageiro".

Ele pegou a carta lacrada, devolveu-a a Tseng-hui e os dois deram boas risadas. Tseng-hui apresentou Hsüeh-tou ao abade Shan, que valorizou imensamente o talento de Hsüeh-tou. Posteriormente, quando o Templo Ts'ui-feng de Su-chou precisou de um abade, Mestre Shan recomendou Hsüeh-tou para o cargo.

Embora tivesse a oportunidade de assumir um alto posto, Hsüeh-tou teve suficiente paciência para esperar o momento correto. Este se afigura um exemplo ideal a ser seguido por todos. Se estudarmos com afinco e trabalharmos com zelo, nossas capacidades serão notadas e nosso valor reconhecido. Um provérbio chinês diz: "Em vez de se preocupar com sua posição, preocupe-se em estabelecer metas adequadas". Isso implica que, se definirmos corretamente nossos objetivos e nos esforçarmos diligentemente para alcançá-los, teremos êxito.

13
PROCURANDO O ANTÍLOPE

Seis noviços foram estudar sob a orientação do mestre da Escola Ch'an Huang-po. Quando o viram, cinco deles prostraram-se respeitosamente, enquanto um fingiu ser praticante do Ch'an.

O imitador pegou sua esteira e, sem pronunciar palavra, com ela desenhou um círculo no ar e depois ficou ali de pé, na lateral da sala.

Dirigindo-se a ele, Huang-po disse: "Ouvi dizer que há um cão de caça muito feroz".

O noviço, respondendo como se fosse um mestre Ch'an, declarou: "Ele deve ter ouvido o antílope".

Então, Huang-po indagou: "Você ouviu o antílope?".

"Ele deve ter visto as pegadas do antílope", respondeu o noviço.

Huang-po continuou questionando: "Você viu as pegadas do antílope?".

O noviço respondeu: "Ele deve ter seguido o antílope".

Huang-po perguntou: "Você viu o antílope?".

O noviço disse: "Ele está morto".

Então, Huang-po saiu.

No dia seguinte, Huang-po mencionou o incidente e disse: "O noviço que estava procurando o antílope ontem, por favor, aproxime-se".

Ao que o noviço rapidamente obedeceu.

Huang-po comentou: "Nossa discussão de ontem sobre o *kung-an* ainda não está bem concluída. Como você vai explicá-lo?".

O noviço não conseguiu dar uma resposta.

Huang-po disse: "Eu ia dizer que você era hábil no Ch'an.

Agora, vejo que sua compreensão do Ch'an é única e simplesmente intelectual".

Como resultado, o noviço foi tachado de impostor e expulso do monastério.

O Ch'an é a expressão natural de nossa iluminação interior, e não algo que possa ser imitado. O conhecimento pode ser aprendido; não o Ch'an. Os praticantes do Ch'an talvez falem ou ajam de forma aparentemente esquisita, mas existe sabedoria por trás de sua estranheza.

14
A NUVEM NO CÉU AZUL

Li Ao, autoridade governamental de Langchou durante a dinastia T'ang, nutria grande respeito pelas virtudes de Mestre Yao-shan Wei-yen, da Escola Ch'an.

Um dia, Li Ao foi visitar o mestre e encontrou-o lendo sob uma árvore. O mestre sabia da chegada do visitante, mas não tinha a menor intenção de levantar-se para cumprimentá-lo. Quando seu atendente anunciou a chegada de Li Ao, Mestre Wei-yen o ignorou e continuou sua leitura.

Li Ao irritou-se e disse, ofendido: "O que vejo aqui não é tão grandioso quanto o que ouvi a seu respeito". E deu-lhe as costas, preparando-se para partir.

Friamente, Mestre Wei-yen retrucou: "Por que você valoriza o que ouve e desdenha do que vê?".

Li Ao ficou tocado pelas palavras do mestre. Voltando a ficar de frente para ele, desculpou-se e perguntou: "Qual é o ensinamento do Buda?".

O mestre apontou para cima, depois para baixo e indagou: "Você compreende?".

Meneando a cabeça, Li Ao respondeu: "Não".

Wei-yen disse: "A nuvem no céu azul e a água na jarra".

Li Ao ficou satisfeito com a resposta. Curvou-se e recitou o seguinte poema:

Seu corpo físico assemelhava-se ao de uma garça,
Lendo sutras sob milhares de pinheiros;
Quando o procurei e perguntei sobre o ensinamento budista,
Ele disse: "A nuvem no céu azul e a água na jarra".

Na atualidade, ao serem apresentadas umas às outras, as pessoas geralmente dizem: "Já ouvi falar muito a seu respeito". Ao mesmo tempo, pode ser que pensem: "Na verdade, essa pessoa não tem nada de especial". Isso significa "valorizar os ouvidos e desdenhar os olhos", algo típico da natureza humana. Pelo fato de ocupar alto cargo no governo e ser um erudito confucionista, Li Ao era muito arrogante. A frieza mostrada por Mestre Yao-shan foi humilhante para ele, o que simplesmente evidencia a diferença entre o estado interior de um adepto do Ch'an e aquele de um erudito confucionista.

15
NÃO ACREDITAR É A VERDADE

Um noviço perguntou ao mestre Ch'an Hui-chung: "Os antigos disseram que os bambus verdes são a verdadeira natureza do Buda e que as flores amarelas desabrochadas não diferem de *prajna*. Quem não acreditar nisso será considerado herege. Quem acreditar nisso vai achar que isso é inacreditável. Então, quem tem razão?".

Mestre Hui-chung respondeu: "Esse é o estado interior de Manjushri e Samantabhadra. De fato, a mente comum não consegue compreendê-lo. O *Sutra Avatamsaka* afirma: 'O corpo do Buda preenche todo o universo e o Buda se apresenta a todos os seres da mesma maneira. O Buda se manifesta em todas as formas e lugares, de acordo com as necessidades dos seres e, apesar disso, jamais deixa seu assento de *bodhi*'. Os bambus verdes não existem fora deste universo. Portanto, necessariamente fazem parte da natureza intrínseca do Buda. Também está dito no *Sutra Prajna* que as formas são ilimitadas; logo, *prajna* é ilimitada. Uma vez que as flores amarelas são formas, não diferem de *prajna*. Assim, nada é absoluto".

Apesar dessa explicação, o noviço ainda não entendia e continuou questionando: "Nesse sentido, quem tem razão: o crente ou o não crente?".

Mestre Hui-chung, procurando apontar um estado mental superior, respondeu: "Os crentes pertencem ao nível da verdade convencional, ao passo que os céticos pertencem ao nível da Verdade Suprema"[3].

Surpreso com esse comentário, o noviço retrucou: "Mas isso é criticado como heresia pelos céticos! Como pode o senhor, Mestre, dizer que eles pertencem ao nível da Verdade Suprema?".

[3] A doutrina budista da Dupla Verdade, composta de verdade convencional e Verdade Suprema, procura adequar o conhecimento ao nível do indivíduo.

O mestre declarou: "Os céticos não crêem, e a Verdade Suprema nunca deixará de ser suprema. Por ser a Verdade Suprema, será criticada como heresia. Como seria possível conversar a respeito da Verdade Absoluta com um herege?".

Enfim, o noviço percebeu que não era fácil acreditar na Verdade Absoluta.

Quando o Buda Shakyamuni se iluminou, percebeu que sua compreensão era oposta à dos demais. Todos os seres consideram reais os prazeres dos sentidos, ao passo que o Buda os vê como irreais. Todos os seres consideram não existente a natureza búdica, ao passo que o Buda a vê como existente. Assim, não devemos julgar a verdade baseados simplesmente na crença ou descrença ou naquilo que alguém considera bom ou mau. Independentemente do que se possa dizer ou daquilo em que se acredite, a verdade continuará sendo a verdade.

16

O USO MARAVILHOSO DO CH'AN

Viajando por uma estrada, o mestre Ch'an Hsien-yai deu com um casal que discutia ferozmente.

A mulher gritava: "Você não é homem!".

O homem berrava: "Se você disser isso de novo, vai apanhar!".

"E daí? Você não é homem!", guinchou a mulher.

Ao presenciar a cena, Mestre Hsien-yai pôs-se a bradar: "Venham, venham ver! Para assistir a uma tourada ou a uma briga de galo, vocês têm de pagar, mas briga de gente é de graça! Venham ver!".

O casal continuou a discussão.

O marido ameaçou: "Se repetir isso, eu te mato!".

A mulher exclamou: "Vai, mata! Você não é homem!".

Hsien-yai chamava o público: "Oh! A coisa está esquentando! Eles vão se matar! Venham logo, corram para ver!".

Então, um espectador o repreendeu: "Ei, monge! Por que essa gritaria? A discussão deles não é da sua conta".

"Aí é que você se engana", disse Hsien-yai. "Você não ouviu as ameaças de morte? Se um deles morrer, alguém precisará celebrar a cerimônia fúnebre e, se esse alguém for eu, posso ganhar um dinheirinho."

Horrorizado, o espectador exclamou: "Você é louco! Quer que os outros se matem só para ganhar dinheiro?".

Hsien-yai retorquiu: "Também posso impedir que eles se matem, mas, para isso, teria de começar a ensinar-lhes o Darma".

Em vez de continuar a briga, o casal passou a ouvir a discussão entre o monge e o espectador.

Então, Hsien-yai passou a aconselhar o casal: "O gelo, mesmo o mais espesso, derrete quando exposto ao sol. O grão de arroz, mesmo o mais duro, amolece ao ser cozido ao fogo. Vocês são marido e mulher por terem uma afinidade especial um com o outro. Vocês deveriam ser como o sol a se aquecer mutuamente, como o fogo, ajudando o outro a realizar seu potencial. Espero que aprendam a conviver e a se respeitar mutuamente".

Mestre Hsien-yai demonstrou o maravilhoso uso do Ch'an.

17
A ESSÊNCIA DO CH'AN

O famoso poeta Pai Chü-i perguntou ao mestre Ch'an Wei-k'uan: "Como devemos utilizar o corpo, a fala e a mente em nossa prática?".

Wei-k'uan respondeu: "Se praticarmos o *bodhi* supremo com o corpo, estaremos observando os preceitos. Se o expressarmos com a boca, isso será o Darma. Se o praticarmos com a mente, então, será o Ch'an. Ainda que possa ter três diferentes funções, seu propósito é o mesmo. O rio Huai e o rio Han têm nomes diferentes, mas não é diferente a natureza de suas águas. Os preceitos não são diferentes do Darma, que é o mesmo que o Ch'an. Se o corpo, a fala e a mente forem exercitados em conjunto, os três estarão unidos no coração. Por que, então, distingui-los?".

Pai Chü-i questionou: "Se não há distinções, por que temos de cultivar a mente?".

Wei-k'uan disse: "Se nossa mente é originalmente pura, por que teria de ser cultivada? Você deve compreender, independentemente de sua pureza ou impureza. Não permitir que nenhum pensamento surja é o ponto mais crucial!".

Pai Chü-i retorquiu: "Impurezas são como a sujeira, podem ser eliminadas com uma faxina. Portanto, não devemos nutrir tais pensamentos. Com relação à pureza, podemos não nutrir tais pensamentos?".

O mestre explicou: "Por exemplo, os olhos não conseguem tolerar nenhuma substância que os bloqueie. Ainda que seja valioso, o pó de ouro vai causar dano se você tentar colocá-lo nos olhos. As nuvens escuras cobrem o céu tanto quanto as nuvens brancas".

Pai Chü-i disse: "Aquele que não pratica ou não tem pensamentos não difere da pessoa comum".

Wei-k'uan comentou: "A pessoa comum é sempre ignorante. Os seguidores dos dois *yanas* sempre se aferram ao que praticam.

Quem conseguir se libertar desses dois males, a ignorância e o apego, estará empreendendo a verdadeira prática. O verdadeiro praticante não é nem excessivamente zeloso nem excessivamente negligente. O zelo aproxima-se do apego e o esquecimento aproxima-se da ignorância. Essa é a essência do Ch'an".

Pai Chü-i por fim compreendeu e se tornou um verdadeiro praticante do Ch'an.

Porque ainda não compreendemos de fato nossa verdadeira natureza, vemos as coisas deste mundo como boas ou más, grandes ou pequenas. Assim, fazemos distinções entre elas.

Ao praticarmos a generosidade, quanto mais ofertamos, mais méritos adquirimos. Se dermos com parcimônia, não obteremos os mesmos méritos.

Praticando com o corpo, podemos não matar, não roubar e não ter má conduta sexual. Com relação à fala, a prática implica nos abster da mentira, da bajulação, da duplicidade e dos comentários negativos. Praticando com a mente, evitamos a ganância, a raiva e a ignorância. Conseqüentemente, diferentes práticas são apropriadas ao corpo, à fala ou à mente. Contudo, o indivíduo que tenha visto sua verdadeira natureza, que se caracteriza originalmente pela pureza e pela perfeição, não precisa praticar. Essa é a essência do Ch'an que Mestre Wei-k'uan procurou demonstrar.

18
O QUE NÃO PODE SER ROUBADO

O mestre Ch'an japonês Ryokan levava vida simples na pequena cabana em que morava, no sopé de uma montanha. Certa noite, um ladrão entrou em sua cabana, mas não encontrou nada que valesse a pena ser roubado.

Voltando para casa, Ryokan deu de cara com o larápio.

O mestre disse: "Você deve ter vindo de longe, mas, realmente, não tenho nada aqui que seja precioso. Ainda assim, não posso permitir que você vá embora de mãos vazias. A única coisa de valor que tenho é a camisa que estou usando, aceite-a como um presente".

O ladrão pegou a camisa e partiu.

Seminu, Ryokan sentou-se e murmurou para si mesmo: "Gostaria de poder lhe dar essa linda lua!".

Neste mundo, as pessoas lançam mão de vários métodos para satisfazer seus desejos. No fim, o que realmente possuem? Elas vêm ao mundo de mãos vazias e é assim que o deixarão. Para quem quiser se divertir, a brisa fresca, a radiante lua, as montanhas e os rios estão à disposição para serem desfrutados. Por que empregar todos os tipos de esquemas apenas para obter ganhos materiais?

Assim como ninguém pode roubar a lua, tampouco pode ser roubada a natureza búdica no interior de cada um de nós.

19
NÃO SE PREOCUPE COM ISSO

Uma mulher bonita e atraente resolveu praticar o Ch'an para se iluminar. Assim, foi ter com um mestre Ch'an e perguntou: "Mestre, o que devo fazer para alcançar a iluminação?".

Antigamente, os mestres empregavam muitas técnicas para ensinar a prática do Ch'an. Por vezes, ensinavam meditação com base em *kung-ans* como "Quem está meditando no Buda?" ou "Qual era meu rosto original antes de meus pais me gerarem?".

O mestre pensou consigo mesmo: "Uma moça tão bonita encontrará muitos obstáculos que podem prejudicar sua prática. De que forma ela poderia praticar o Ch'an e se iluminar?". Então, ensinou-a a recitar: "Deixe estar, não se preocupe com isso". A finalidade disso seria ajudá-la a se concentrar e chegar a ver sua verdadeira natureza.

Muito séria, a moça praticava diligentemente. Um dia, alguém lhe disse que seu namorado chegara para vê-la. Ela respondeu: "Deixe estar, não se preocupe com ele".

Pouco depois, a universidade para a qual se inscrevera informou-a de que havia sido aprovada. Ela simplesmente disse: "Deixe estar, não se preocupe com isso".

Sua mãe visitou-a e disse: "Você ganhou na loteria!", ao que ela exclamou: "Deixe estar, não se preocupe com isso".

Assim, uma tentação depois de outra foi sendo superada. Um dia, a moça encontrou uma antiga fotografia em que ela aparecia ainda jovem com sua avó. Vendo que a menina da foto era ela mesma, pensou: "Um dia, morrerei e serei enterrada, como minha avó". Pensando assim, ela por fim superou o obstáculo do nascimento e da morte, passando a não mais temê-lo. Compreendendo a impermanência do nascimento e da morte, ela alcançou o êxtase do não-nascimento e da não-morte. Sua compreensão da verdade é mais valiosa do que qualquer outra coisa neste mundo.

20

O CORPO INTEIRO É O OLHO

O mestre Ch'an Tao-wu perguntou a Yün-yen: "Kuan-yin tem mil mãos e mil olhos. Diga-me então, por favor, qual deles é o olho verdadeiro?".

Yün-yen retrucou: "À noite, em pleno sono, o travesseiro cai no chão e você o pega sem abrir os olhos e continua a dormir. Diga-me, que olho usou ao pegar o travesseiro?".

Ao que Tao-wu exclamou: "Irmão no Darma, agora entendo".

"Entende o quê?"

"O olho é o corpo inteiro."

Sorrindo, Yün-yen comentou: "Você compreendeu só oitenta por cento".

Tao-wu, cheio de dúvida, indagou: "Então, o que eu deveria ter dito?".

"O corpo inteiro é o olho!"

Dizer "o olho é o corpo inteiro" corresponde à compreensão pela diferenciação. Dizer "o corpo inteiro é o olho" revela a verdade por meio da sabedoria de nossa mente, que não faz distinções. Nossa verdadeira mente é o olho perfeito; por que, então, não a utilizar para enxergar os céus e a Terra?

21

O CAMINHO DE PEDRAS É ESCORREGADIO

O mestre Ch'an Yin-feng decidiu pedir ao mestre Ch'an Ma-tsu licença para partir e este lhe perguntou: "Para onde você vai?".

Yin-feng respondeu: "Vou para Nan-yüeh, estudar sob a orientação de Mestre Shih-t'ou Hsi-ch'ien".

Ma-tsu comentou: "O caminho de pedras[4] é escorregadio".

Ao ouvir isso, Yin-feng retrucou: "A vara de bambu e o bastão de madeira estão comigo e eu vou tocá-los de ouvido".

Tendo recebido a autorização de Ma-tsu, Yin-feng partiu e foi de Kiangsi para Hunan, onde prestou respeito a Mestre Shih-t'ou.

Yin-feng deu uma volta ao redor da plataforma Ch'an, chacoalhou seu cajado de monge e perguntou: "Qual é o seu ensinamento?".

Mestre Shih-t'ou o ignorou. Passado um bom tempo, Shih-t'ou exclamou: "Ó céus! Ó céus!".

Yin-feng não conseguiu entender o significado daquilo e não soube como responder.

Sem alternativa, Yin-feng retornou a Mestre Ma-tsu e relatou o que lhe ocorrera durante o encontro com o outro mestre.

Mestre Ma-tsu disse-lhe: "Volte lá e, quando Mestre Shih-t'ou disser 'Ó céus! Ó céus!', responda 'Ssssssh!'".

Yin-feng retornou a Nan-yüeh e perguntou de novo: "Qual é o seu ensinamento?".

Sem a menor hesitação, Mestre Shih-t'ou fez: "Ssssssh".

De novo sem saber o que dizer, Yin-feng voltou para contar a Mestre Ma-tsu o ocorrido.

---

4 "Caminho de pedras" refere-se aos ensinamentos de Mestre Shih-t'ou, cujo nome significa, literalmente, "pedra".

Consolando-o, Mestre Ma-tsu pontuou: "Eu disse que o caminho de pedras era escorregadio!".

O Ch'an não é algo que possa ser imitado, mas algo que cada indivíduo deve compreender por si só. Quando exclamou "Ó céus! Ó céus!", Shih-t'ou mostrava que o ensinamento do Ch'an não pode ser expresso verbalmente. Quando Yin-feng repetiu a pergunta, Mestre Shih-t'ou sibilou uma ordem de silêncio para mostrar que o Ch'an é algo que não pode ser explicado simplesmente pela linguagem. Compreende-se o Ch'an pela prática, e não por meras palavras.

22

COMO SUA MENTE PODE MOVER-SE?

O mestre Ch'an Yang-shan tinha como discípula uma monja budista chamada Miao-hsin. Como o monge responsável pela recepção de visitantes havia deixado o cargo, Yang-shan pediu que a monja o assumisse. Todos no templo consideraram a decisão adequada, uma vez que Miao-hsin era muito capaz e entusiasmada, além de ter a coragem de mergulhar nas coisas com grande dedicação.

Um dia, dezessete monges vindos de Szechuan chegaram para prestar respeito a Yang-shan e pediram para estudar sob sua orientação.

Depois do jantar, não tendo nada que fazer, os monges começaram a discutir sobre "se é o vento ou a bandeirola que se move". Sem conseguir resolver o problema, falavam tão alto que Miao-hsin ouviu o debate e interveio, gritando: "Seus intrusos! Não se esqueçam de saldar suas contas de hospedagem e alimentação antes de ir embora, pela manhã".

Miao-hsin foi tão dura que os monges silenciaram, sem saber o que responder.

Ela ordenou: "Parem de discutir! Venham aqui e eu lhes direi a resposta". Os monges aproximaram-se, e ela falou: "Uma vez que não é nem o vento nem a bandeirola que se move, como podem suas mentes se mover?". Naquele momento, os monges tiveram uma nova percepção. No dia seguinte, pediram a Miao-hsin licença para partir, sem nem ouvir o ensinamento de Yang-shan.

Uma vez, dois monges discutiam sobre o que se movia: se era o vento ou a bandeirola. O sexto patriarca, Hui-neng, disse-lhes: "O que se move não é o vento e nem a bandeirola. É a sua mente". O comentário de Miao-hsin — "uma vez que não é nem o vento nem a bandeirola que se move, como podem suas mentes se mover?" — mostra-se superior ao do sexto patriarca.

Este pregava a integração do objetivo e do subjetivo, ao passo que transcendeu a integração sem afirmar nem o subjetivo nem o objetivo. A implicação é que, se surgir um pensamento, considera-se que o indivíduo saiu do caminho. Obviamente, a compreensão de Miao-hsin era mais elevada que a de Hui-neng, o sexto patriarca.

23

TRANSCENDENDO NASCIMENTO E MORTE

Uma vez, quando estudava sob a orientação do mestre Ch'an Lin-chi, Mestre P'u-hua saiu às ruas para mendigar por um manto. Alguém lhe ofereceu um manto feito do mais fino tecido, mas o monge não o aceitou.

Quando soube do acontecido, Mestre Lin-chi comprou um caixão para P'u-hua, que ficou muito satisfeito e disse: "Consegui meu manto".

P'u-hua pegou o caixão, levou-o para a rua e começou a gritar: "Lin-chi me arranjou um manto, vou usá-lo em meu funeral. Amanhã de manhã, morrerei no Portão Leste".

No dia seguinte, P'u-hua levou o caixão ao Portão Leste. Já se encontrava lá reunida uma verdadeira multidão para ver o que iria acontecer. P'u-hua anunciou: "Há gente demais aqui. Este não é um bom lugar para morrer. Amanhã, vou ao Portão Sul para morrer lá".

Depois de três dias indo do Portão Sul para o Portão Oeste e deste para o Portão Norte, ninguém mais acreditava nas palavras de P'u-hua. Todos diziam: "Fomos enganados por P'u-hua. Um homem saudável não morre só porque diz que vai morrer. Não vamos mais nos deixar iludir".

No quarto dia, P'u-hua carregou seu caixão para o Portão Norte, onde poucas pessoas se reuniram para ver o que aconteceria. P'u-hua ficou muito contente e disse: "Vocês são todos muito pacientes e não se deixaram abater pela minha movimentação de um portão a outro. Agora, morrerei para vocês".

Depois dessas palavras, P'u-hua entrou no caixão, fechou a tampa e nunca ninguém mais ouviu falar dele.

As pessoas comuns geralmente gostam de viver e lamentam a morte. Para um mestre Ch'an, a vida e a morte podem ser objeto de piada, porque ambas são a mesma coisa. Pessoas como Mestre P'u-hua já transcenderam o ciclo de nascimento e morte.

24

ELE NÃO PRONUNCIOU PALAVRA

Durante sua estada no Templo Ching-chieh, o mestre Ch'an Huang-lung conheceu o mestre Ch'an Tung-shan Yüan. Huang-lung não pronunciou palavra. Os dois acenderam incensos, sentaram-se, um de frente para o outro, e nessa posição ficaram desde a tarde até a meia-noite. Finalmente, Mestre Tung-shan Yüan levantou-se, disse "Está ficando tarde e não devo perturbar seu descanso" e saiu.

No dia seguinte, cada um retornou a seu respectivo templo.

Ao chegar a seu templo, Huang-lung perguntou ao Monge Superior Yung: "Você chegou a conhecer Mestre Tung-shan Yüan quando morava em Lu-shan?".

"Não, apenas ouvi falar sobre ele", disse Yung, que, deixando passar algum tempo, perguntou: "Mestre, você o conheceu desta vez. Que tipo de pessoa você acha que ele é?".

Huang-lung declarou: "Uma pessoa notável".

Posteriormente, o Monge Superior perguntou ao atendente que acompanhara Huang-lung: "Você estava presente quando o mestre encontrou Tung-shan. O que eles discutiram?".

O atendente contou-lhe que os dois mestres tinham ficado sentados um de frente para o outro sem trocar uma única palavra. O Monge Superior respirou profundamente e gritou: "As pessoas no mundo inteiro vão se admirar".

As pessoas trocam idéias por meio de palavras. Às vezes, a linguagem pode embaraçar o raciocínio. O Ch'an não depende de palavras escritas ou faladas. Quando os mestres Ch'an se comunicam, podem arquear as sobrancelhas e piscar os olhos. Em outras ocasiões, dão golpes com um cajado, gritam, riem ou dão uma bronca. Todos são métodos de ensinamento direto. Embora Huang-lung e Tung-shan não tenham trocado nenhuma palavra, eles praticaram a comunicação mental. O Monge Superior não tinha nenhuma dúvida a esse respeito. Aliás, também as dúvidas levam ao caminho do Ch'an.

25

QUEM ESTÁ NO POÇO?

Um jovem noviço perguntou ao mestre Ch'an Hsing-kung: "O que significa o patriarca ter vindo do Ocidente?".

O mestre respondeu: "Suponha que alguém tenha caído em um poço de mil metros de profundidade. Se você souber como salvá-lo sem utilizar um único centímetro de corda, responderei a sua questão".

O noviço disse: "O mestre Ch'an de Hunan, Ch'ang, que faleceu recentemente, era exatamente como você. Seu estilo de discurso não faz sentido".

Hsing-kung mandou que Yang-shan expulsasse aquele noviço do templo.

Mais tarde, Yang-shan perguntou ao mestre Ch'an Tan-yüan: "No seu modo de ver, como se poderia salvar o homem do poço?".

"Seu tolo!", exclamou Tan-yüan, "quem está no poço?".

Yang-shan não soube responder.

Em outra ocasião, ele aproveitou e questionou o mestre Ch'an Kuei-shan: "Mestre, em sua opinião, como se poderia salvar o homem do poço?".

Kuei-shan pegou Yang-shan de surpresa e gritou: "Yang-shan!".

Quando Yang-shan respondeu, Mestre Kuei-shan disse: "O homem já saiu do poço".

Depois disso, quando Yang-shan começou a ensinar, sempre dizia às pessoas: "Ganhei minha vida espiritual no templo de Mestre Tan-yüan e minha compreensão no de Mestre Kuei-shan".

De fato, às vezes as palavras dos mestres Ch'an parecem sem sentido. O Ch'an encontra-se além do bom senso normal. O raciocínio da maioria das pessoas limita-se a explicações concretas, pois elas desconhecem que o entendimento intelectual resulta da mente falsa, nada tendo em comum com a verdadeira compreensão da mente Ch'an.

Quando alguém cai dentro de um poço de mil metros de profundidade, precisará ser salvo por outra pessoa — e como é constrangedor não podermos depender apenas de nós mesmos. Contudo, se pudermos encarar o problema do ponto de vista do Princípio, conseguiremos sair do poço por nossa conta depois da queda. Não pertenceria a nós o mundo real?

26
RECEBENDO VISITANTES

O rei de Chao empreendeu uma viagem especialmente para visitar o mestre Ch'an Chao-chou Tsung-chen. Este repousava em sua cama quando o monarca chegou. De lá mesmo, saudou-o dizendo: "Sua Majestade! Estou mesmo velho e sinto-me muito fraco. Por favor, perdoe-me por não me levantar para recebê-lo".

O rei Chao não somente não se ofendeu como passou a respeitar Chao-chou ainda mais.

No dia seguinte, o rei Chao enviou a Chao-chou um general portando alguns presentes. Quando soube da chegada do visitante, o mestre se levantou da cama e foi até o portão principal para recebê-lo.

Incapazes de compreender o comportamento de Chao-chou, seus discípulos perguntaram-lhe: "Ontem, quando esteve aqui o rei Chao, o senhor não saiu da cama para saudá-lo. Hoje, porém, quando chegou o general, o senhor percorreu toda a distância até o portão principal para recebê-lo. Por quê?".

Chao-chou explicou: "Sabem, tenho três maneiras de receber visitantes. Os hóspedes superiores, recebo na cama, com minha face original. Visitantes comuns, recebo educadamente na sala de convidados. Visitantes inferiores, recebo no portão principal, com as formalidades convencionais".

No mundo comum, precisamos distinguir diferentes procedimentos de acordo com certas normas estabelecidas pela sociedade. Entretanto, a forma como Chao-chou recebia suas visitas derivava da mente Ch'an e, portanto, deveria ser considerada superior ao entendimento do comum dos mortais. Como nos comportar neste mundo? Deveríamos seguir princípios convencionais ou princípios supremos? Ou será que deveríamos praticar os dois? Está aí algo que cada um precisa decidir por si próprio.

27

VALORIZE O MOMENTO PRESENTE

Quando tinha 9 anos, o futuro Mestre Shinran já tinha decidido que queria ser monge e pediu ao mestre Ch'an Jichin que o tonsurasse.

Mestre Jichin então perguntou: "Você é tão jovem, por que quer ser monge?".

Shinran respondeu: "Apesar de ter apenas 9 anos, meus pais já faleceram. Não compreendo por que as pessoas têm de morrer. Por que tenho de me separar de meus pais? Quero ser monge para encontrar as respostas a essas perguntas".

Impressionado, Mestre Jichin disse: "Muito bem! Já conheço seus motivos, posso aceitá-lo como discípulo. Mas agora está ficando tarde, espere até amanhã de manhã para a tonsura".

Shinran discordou: "Mestre! Mesmo com sua promessa de me tonsurar amanhã de manhã, não posso garantir que minha determinação vá durar até lá. Além do mais, o senhor já está tão idoso, não pode me garantir que estará vivo amanhã".

Mestre Jichin ficou satisfeito e disse: "Você tem razão. Vamos proceder à tonsura imediatamente".

Mestre Hsüan-tsang, da dinastia T'ang, tinha 12 anos quando se integrou à Sanga. Naquela época, era necessário prestar exame de admissão para a vida monástica. Por ser tão jovem, Hsüan-tsang não foi aceito imediatamente e começou a derramar lágrimas de tristeza. O responsável pelo exame perguntou-lhe por que insistia em ser monge e Hsüan-tsang respondeu: "Para glorificar o ensinamento do Tathagata e dar continuidade à semente de *bodhi* do Buda".

Apesar de sua tenra idade, Hsüan-tsang estava determinado e, por fim, foi admitido na Sanga. Posteriormente, tornou-se um dos mais importantes monges na história da China. Da mesma maneira, Shinran acabou sendo uma das mais importantes personalidades na história do budismo japonês.

28

YÜN-MEN DENTRO E FORA

Mestre Yün-men, da Escola Ch'an, empreendeu uma viagem para visitar Mestre Mu-chou, da mesma escola. Quando chegou, o sol estava se pondo. Ele bateu com força na porta, que se encontrava bem trancada. Passado muito tempo, Mu-chou veio atender. Yün-men explicou o propósito de sua visita e, quando já estava colocando um pé para dentro, Mu-chou bateu a porta no pé dele.

Yün-men gritou: "Ai! Ai! Isso dói".
O mestre perguntou: "Dói em quem?".
Yün-men exclamou: "Senhor, dói em mim".
O mestre indagou: "Onde você está?".
"Do lado de fora da porta!", respondeu o outro.
Ao que o mestre questionou: "Se você está do lado de fora, por que está machucado?".
Yün-men respondeu: "Porque você bateu a porta e meu pé ficou preso do lado de dentro".
"Se seu pé está dentro, por que você está fora?".
Yün-men replicou: "Você me separou em dentro e fora".
"Seu tolo!", exclamou o mestre, "Como poderia alguém estar dentro e fora ao mesmo tempo?".
Essa pergunta atingiu o coração de Yün-men como um martelo. Imediatamente, o mundo da ilusão fez-se em pedaços e Yün-men se iluminou.

Embora o pé de Yün-men tenha ficado preso, o bater da porta destruiu suas ilusões e o ajudou a compreender a não-dualidade e a igualdade de dentro e fora.

Para um adepto do Ch'an, todos os conceitos relativos do mundo, tais como dentro e fora, você e eu, bom e ruim, grande e pequeno e assim por diante, nada mais são que ilusões. A maioria das pessoas está presa a esses conceitos ilusórios. Ao transcender todos esses conceitos, nos iluminaremos.

29
ROUBE APENAS UMA VEZ

Um dia, enquanto viajava, o mestre Ch'an Shih-wu encontrou um estranho. Depois de muito conversarem, o dia foi ficando escuro e os dois resolveram pernoitar em uma hospedaria.

No meio da noite, Shih-wu ouviu alguém se movendo e perguntou: "Já amanheceu?".

O estranho disse: "Não, ainda é noite".

Shih-wu pensou: "Se essa pessoa consegue se movimentar no escuro, ela deve ser extremamente desenvolvida, talvez até seja um *arhat*".

Então, o mestre perguntou: "Quem é você?".

"Sou um ladrão", respondeu o homem.

"Ah! Um ladrão!", exclamou Shih-wu, "E quantas vezes você já roubou?"

"Inúmeras vezes", respondeu o ladrão.

"E em cada uma dessas vezes, por quanto tempo você conseguiu ficar feliz?"

O ladrão respondeu: "Depende do valor dos objetos roubados".

"Da vez em que você ficou mais feliz de todas, quanto tempo durou essa sensação?"

"Somente uns poucos dias", respondeu o ladrão.

Shih-wu concluiu: "Ah! Então você é exatamente como um rato que rouba um pouquinho por vez. Por que não planeja um grande golpe?".

O ladrão perguntou: "Você tem alguma experiência? Quantas vezes já roubou?".

Shih-wu respondeu: "Apenas uma".

O ladrão quis saber: "Apenas uma! E foi o suficiente?".

Shih-wu explicou: "Mesmo tendo sido uma única vez, nem em uma vida inteira conseguiria gastar tudo o que roubei".

O ladrão indagou: "E posso saber o que você roubou?".

O mestre agarrou o ladrão e disse: "Isto! Entende? Este é o tesouro ilimitado [o tesouro no interior de cada um de nós]. Se dedicar toda sua vida a este trabalho, não conseguirá gastar tudo. Entende?".

"Sim e não", respondeu-lhe o ladrão, "mas a sensação de fato é muito boa."

O ladrão arrependeu-se de seus atos passados e, sob a orientação de Shih-wu, acabou por se tornar um praticante do Ch'an.

É realmente estranho que as pessoas gastem todo o seu tempo na busca de bens exteriores e negligenciem o verdadeiro tesouro escondido em seu interior!

30
DEIXE-SE LEVAR

Durante o período em que estudou sob a orientação do mestre Ch'an Ch'ing-hui, Mestre Fa-yen Wen-i não conseguiu nenhum tipo de compreensão e resolveu deixar seu mestre para viajar como uma nuvem, à deriva, pelos quatro cantos do mundo.

Um dia, Fa-yen foi pego por uma chuva e, por isso, fez uma parada em um templo chamado Ti-tsang. O monge responsável por recepcionar os visitantes perguntou-lhe: "Mestre, para onde você está indo?".

"Para nenhum lugar específico, estou só perambulando."

O monge perguntou: "Como você se sente viajando pelos quatro cantos do mundo, como as nuvens e as águas?".

Fa-yen de pronto respondeu: "Eu me deixo levar, como as nuvens e as águas".

O monge concluiu: "Deixar-se levar, como as nuvens e as águas, isso sim é que é ser liberto!".

Ao ouvir essas palavras, Fa-yen alcançou a verdadeira compreensão do significado de ser liberto.

Neste mundo, a maioria das pessoas precisa viajar para leste, oeste, norte e sul para ganhar a vida. Quantos conseguem realmente se deixar levar, como as nuvens e as águas? O que dizer então de serem libertos?

31

O PARAÍSO E O INFERNO EM UM BALDE D'ÁGUA

Um devoto perguntou ao mestre Ch'an Wu-te: "Mestre, há muitos anos estudo o Ch'an, mas ainda não me iluminei. Estou até começando a duvidar da existência do paraíso e do inferno, como descritos nos sutras. Acho que não existe céu nem inferno no além".

Em vez de responder de imediato ao comentário, Mestre Wu-te pediu que o devoto fosse ao rio e trouxesse um balde d'água.

Quando o devoto retornou com a água, o mestre lhe disse: "Olhe dentro do balde e talvez consiga ver o céu e o inferno".

Com a curiosidade despertada, o devoto fez como o mestre havia mandado, mas não conseguiu ver nada. De repente, Mestre Wu-te enfiou a cabeça do homem dentro d'água. O devoto debateu-se, aflito. Enfim, quando o devoto estava quase totalmente sem ar, o mestre o soltou. Assim que recuperou o fôlego, o homem reclamou: "Por que essa crueldade toda de enfiar minha cabeça na água? Foi um inferno".

Calmamente, o mestre perguntou: "E agora, como se sente?".

O outro aprumou-se e respondeu: "Agora, respiro com facilidade. É o paraíso!".

O mestre foi solenemente sarcástico: "Veja só, em tão pouco tempo, você visitou o céu, o inferno, voltou e ainda diz não acreditar que eles existam...".

Quem nunca esteve em um país distante talvez não acredite em sua existência. Isso não significa que o lugar não exista, mas apenas evidencia ignorância. Os tolos não acreditam no que não podem ver, enquanto os inteligentes não precisam necessariamente ver para crer; podem usar seu discernimento para decidir.

32

UMA BOCA CHEIA DE BONS DENTES

Mestre Fo-kuang era sempre bom para seus discípulos: fazia o templo prover o bem-estar deles, incluindo assistência médica, despesas de viagem, educação e as necessidades diárias de todos. Desse modo, o templo alcançava o objetivo de promover a igualdade financeira na comunidade monástica.

Um dia, o contador levou ao mestre uma pilha de contas e disse: "Mestre, muitos discípulos têm tido problemas dentários ultimamente. Ainda que não sejam sérias, as dores de dente podem causar muito desconforto. Portanto, fizemos o possível para cuidar dessas necessidades. O problema é que isso é caro. Custa muito obturar umas poucas cáries. Os gastos estão se tornando excessivos para o monastério".

O mestre respondeu: "Mesmo que os gastos sejam excessivos, temos que encontrar um meio de pagar essas contas".

O contador continuou: "Alguns dos discípulos são ingratos e ainda criticam as políticas do monastério. Acho que não vale a pena desperdiçar nossos recursos com gente assim".

Mestre Fo-kuang murmurou consigo próprio: "Ainda que essas pessoas não consigam falar nada de bom, ao menos vão ter uma boca cheia de bons dentes".

Os Budas e *bodhisattvas* sacrificam-se para servir a todas as criaturas. Além de auxiliar todos os seres a ter bons dentes na boca, também os ajudam a ter bom coração, garantindo o desenvolvimento de sua natureza búdica. A meta de um mestre Ch'an verdadeiramente iluminado é servir aos demais sem esperar deles nenhuma retribuição.

33
DESAPEGO

O mestre Ch'an Chin-tai adorava orquídeas e plantava centenas de espécies diferentes no jardim. A maioria de seus tempo de lazer era devotada a cuidar dessas plantas. Um dia, o mestre teve de sair e designou a um discípulo a tarefa de regar o jardim. Enquanto molhava as orquídeas, o homem acidentalmente derrubou a prateleira onde estavam as plantas e muitos vasos se quebraram. Ele pensou: "Quando o mestre voltar, vai ficar furioso comigo". Mas nada mais podia fazer senão aguardar seu castigo.

Quando Mestre Chin-tai retornou, não só não ficou furioso, como ainda consolou o discípulo, dizendo: "Plantei essas orquídeas para oferecê-las ao Buda e para embelezar nosso ambiente, e nunca para me enraivecer. Tudo é impermanente neste mundo. Apego àquilo de que gostamos não é conduta adequada para um praticante do Ch'an".

A coisa mais difícil neste mundo é abrir mão. Igualmente difícil é desapegar-se do que se gosta ou desgosta. Sensações de amor e ódio povoam a mente o tempo todo e nunca nos libertamos. Se conseguirmos nos desapegar do que gostamos e aceitar o que desgostamos a ponto de eliminar os sentimentos de amor e ódio, poderemos realmente nos livrar de todas as ilusões e alcançar a verdadeira libertação! Mestre Chin-tai não plantou as orquídeas para se enfurecer, o que evidencia o alto grau de evolução desse mestre Ch'an.

34
OUVINDO E VENDO

Certa noite, o mestre Ch'an Ching-hsü trouxe uma mulher para seu quarto, fechou a porta e lá ficou com ela, sozinho. Um de seus discípulos, Man-kung, temendo que o pessoal presente no templo viesse a descobrir o que estava ocorrendo, montou guarda à porta do mestre. A quem quer que viesse vê-lo, Man-kung dizia que o mestre estava descansando.

Por fim, decidiu que aquilo não podia mais continuar e, enchendo-se de coragem, foi falar com o mestre. Ao entrar no quarto, o que viu? Uma mulher de cabelos compridos deitada na cama e o mestre a massageá-la.

Chocado, Man-kung gritou: "Mestre! Isso é exemplo que se dê?".

Mestre Ching-hsü calmamente retrucou: "E por que não seria?".

Man-kung apontou para a mulher que estava na cama e disse, em tom acusatório: "Olhe o que está fazendo!".

Gentilmente, o mestre retrucou: "Venha e olhe você mesmo".

Quando a mulher virou a cabeça, Man-kung pôde ver um rosto parcialmente destruído em que mal se podiam diferenciar olhos, nariz e boca por causa da lepra.

Ajoelhando-se, o discípulo desculpou-se: "Mestre, por favor, perdoe minha ignorância. Não consigo ver o que o senhor vê ou fazer o que faz".

A maioria das pessoas deposita excessiva fé na veracidade do que ouve ou vê, sem saber que, normalmente, aquilo é apenas uma fração da situação total. Se não formos cuidadosos e nos aferrarmos ao que nos dizem os olhos e os ouvidos, tomando-o como verdade incontestável, não seremos em nada diferentes do cego ou do surdo.

35

BUSCANDO O CAMINHO DO BUDA

Yang T'ing-kuang, da dinastia T'ang, encontrou o mestre Ch'an Pen-ching na montanha Szu-kung e lhe implorou: "Nascimento e morte são assuntos importantes. A vida é impermanente e pode se esvair muito depressa. Busco o caminho do Buda com todo o meu ser. Por favor, tenha compaixão e instrua-me".

Pen-ching disse: "Você veio da capital, onde fica a residência do imperador. Dado que existem muitos praticantes do Ch'an na capital, é lá que deve pedir o ensinamento do Buda. Não sei nada sobre o ensinamento do Buda que você pede".

Quando Yang T'ing-kuang pediu novamente, Mestre Pen-ching disse: "Se você está procurando o Buda, sua mente é o Buda. Se você pergunta sobre o ensinamento do Buda, a não-mente é o ensinamento".

Sem entender bem o significado implícito nas palavras do mestre, Yang T'ing-kuang pediu mais instruções.

Mestre Pen-ching explicou: "Dizer 'a mente é, em si, o Buda'[5] implica que o Buda deve ser compreendido pela mente. Para aquele que, além disso, desperta para a não-mente, até mesmo o Buda deixa de existir. Assim, a não-mente não se diferencia do 'ensinamento do Buda'".

Depois de ouvir o comentário do mestre, Yang T'ing-kuang disse: "A maioria dos monges da capital disse que devemos buscar o Buda pela prática de generosidade, moralidade, tolerância e autocontrole. De acordo com o que o senhor disse, uma vez que todos possuímos a sabedoria *prajna*, não se faz necessário

---

5 "A mente é, em si, o Buda" foi o ensinamento fundamental introduzido na China por Bodhidharma, o primeiro patriarca do Ch'an naquele país.

praticar para alcançá-la. Se isso for mesmo verdade, toda a minha generosidade e todo o meu comportamento moral são, de fato, inúteis".

"Inúteis!", ecoou Mestre Pen-ching.

Quando Bodhidharma, o primeiro patriarca do Ch'an, foi à China, o imperador Wu, da dinastia Liang, perguntou-lhe: "Construí templos, fiz doações à Sanga e propaguei o budismo. Que mérito acumulei com tais atos?".

Bodhidharma respondeu: "Nenhum mérito está envolvido". Isso não significa que aquelas ações não tivessem nenhum mérito, mas apenas que todos têm, em seu interior, a natureza búdica. Assim sendo, não é necessário buscá-la externamente.

Como chegar a conhecer nossa própria natureza e alcançar a budeidade? Para atravessar para a outra margem, precisamos de um bote. Por isso, a prática da generosidade, da moralidade e assim por diante são fundamentais para nos transportar para a outra margem, a da iluminação.

36
O QUE É ENSINADO?

Um monge que estudava a doutrina budista perguntou ao mestre Ch'an Ma-tsu Tao-i: "O que é ensinado na tradição Ch'an?".

Ma-tsu perguntou: "O que você ensina?".

"Já ensinei mais de vinte sutras e *shastras*."

Ma-tsu exclamou: "Você deve ser Manjushri, o que montou o leão!".

O monge protestou: "Não ousaria alegar tal coisa".

Então, Ma-tsu emitiu um som: "Ssssssh!".

O monge afirmou enfaticamente: "Esse é o ensinamento".

"Que tipo de ensinamento?", perguntou Ma-tsu.

"O ensinamento de um leão saindo de sua toca."

Ma-tsu ficou em silêncio.

O monge complementou: "Não falar também é um tipo de ensinamento".

"Que tipo de ensinamento?", indagou Ma-tsu.

"O ensinamento do leão ficando em sua toca."

Ma-tsu perguntou então: "Quando não existe dentro ou fora, qual é o tipo de ensinamento?".

Enfim, o monge não soube responder e pediu licença para partir. Ma-tsu acenou para que se aproximasse: "Venha cá".

O monge virou a cabeça.

Ma-tsu perguntou: "Que tipo de ensinamento é esse?".

O monge continuou sem conseguir responder.

Ma-tsu declarou: "É o ensinamento de um tolo!".

O Ch'an não depende de nenhum tipo de linguagem escrita ou falada. O Buda Shakyamuni ensinou durante 49 anos, em mais de 300 ocasiões. Apesar disso, alegava nunca ter pronunciado uma única palavra. Nesse momento, ele não estava mentindo. A verdade é sempre a verdade e falar não engrandece nem rebaixa a verdade. Milhares de palavras não são, necessariamente, superiores ao silêncio.

37

SALDANDO VELHAS DÍVIDAS

Um dia, quando o mestre Ch'an T'ung-hui ainda era noviço, seu mestre mandou que fosse buscar água. Um peixeiro casualmente cruzou com ele, e um peixe pulou para o balde do noviço, que o jogou fora e o matou. Posteriormente, T'ung-hui veio a ser abade.

Um dia, disse a seus discípulos: "Um *kung-an* que se iniciou há trinta anos deve ser concluído hoje".

Os discípulos indagaram qual era o *kung-an*, e o mestre respondeu: "Vocês saberão antes do meio-dia".

Depois de pronunciar tais palavras, ele fechou os olhos e começou a meditar.

O general Chang-chün, devoto praticante do Terra Pura, atravessava Kuanchung com seus soldados e passou pelo templo de Mestre T'ung-hui.

Repentinamente, Chang-chün foi tomado por grande fúria, sem razão aparente. Empunhando arco e flecha, adentrou violentamente o Salão do Darma, encarando Mestre T'ung-hui cheio de raiva.

O mestre disse: "Há muito tempo eu o esperava".

Perplexo, o general perguntou: "Nunca o vi antes. Por que sinto tanta raiva de você? Tenho vontade de matá-lo, sem saber por quê".

O mestre contou-lhe a história ocorrida trinta anos antes, quando era noviço e matara um peixe sem querer.

O relato emocionou Chang-chün, que disse:

Vingar-nos uns dos outros,
Quando isso vai acabar?
Não é por acaso que nos encontramos vida após vida.
Devemos esquecer as velhas inimizades e ir
à Terra Pura Ocidental.

Depois de dizer isso, faleceu ali mesmo, em pé.
Posteriormente, o mestre escreveu as seguintes palavras em um pedaço de papel:

Vagueando por trinta anos,
Tanto mudou.
Quem diria que nos encontraríamos hoje,
Para saldar nossas velhas dívidas?

Depois de escrever esse poema, o mestre também faleceu.

"A lei de causa e efeito [carma] segue-nos como uma sombra". Essa é a verdade!

38
O BEM E O MAL NO MESMO CORAÇÃO

O mestre Ch'an Tao-hsin, quarto patriarca da Escola Ch'an, foi à montanha Niu-t'ou para visitar Fa-jung. Quando lá chegou, Fa-jung estava em profunda meditação e, indiferente ao que se passava a seu redor, sequer olhou para o mestre.

Tao-hsin aproximou-se dele vagarosamente e perguntou: "O que você está fazendo?".

Fa-jung respondeu: "Estou observando a mente".

Tao-hsin perguntou então: "Quem está observando e o que é a mente?".

Sem conseguir responder, Fa-jung levantou-se, prostrou-se ante o quarto patriarca e indagou: "Onde o Venerável Mestre está hospedado?".

Tao-hsin respondeu: "Em lugar ainda incerto. Às vezes vou para leste; às vezes, para oeste".

Fa-jung olhou para ele e perguntou: "O senhor conhece o mestre Ch'an Tao-hsin?".

Tao-hsin indagou: "Por que quer saber?".

"Tenho ouvido muito falar sobre ele e anseio por apresentar-lhe meus respeitos."

Tao-hsin disse: "Eu sou Tao-hsin".

Fa-jung quis saber: "Que motivo o traz aqui?".

"Vim visitar", disse ele. "Há algum outro lugar, que não este, onde eu possa descansar?".

Fa-jung disse: "Há uma pequena cabana a leste daqui".

Tao-hsin pediu que ele lhe mostrasse o caminho. Ao redor da cabana havia muitas pegadas de tigres e lobos. Tao-hsin gesticulou como se estivesse receoso.

Mestre Fa-jung indagou: "Você ainda tem medo?".

Tao-hsin retorquiu: "O que você acabou de ver?".

Fa-jung não soube responder. Ele pediu que Tao-hsin se sentasse e foi fazer chá. Então, Tao-hsin escreveu o ideograma chinês que designa "Buda" no assento à sua frente.

Quando Fa-jung voltou e estava prestes a se sentar, viu o ideograma "Buda" no banquinho e não ousou se sentar, porque seria considerado impróprio e desrespeitoso sentar-se em cima do Buda.

Diante disso, Tao-hsin riu e disse: "Você ainda tem medo?".

Fa-jung não soube responder.

Se não conseguirmos ver para além das ilusões de nascimento e morte, continuaremos a sentir medo. Se não formos capazes de ultrapassar as ilusões de fama e desgraça, continuaremos a viver perdas e ganhos. Se não conseguirmos ver para além das ilusões de fama e humildade, continuaremos a fazer distinções. Se não conseguirmos ver para além da ilusão de existirem pessoas comuns e o Buda, continuaremos a ter pensamentos distorcidos. Por essa razão, o estado mental de Tao-hsin era tão diferente daquele de Fa-jung.

39

O SUJEITO DEDICADO AO PRÓPRIO APERFEIÇOAMENTO

Mestre Huang-po integrou-se à Sanga ainda em tenra idade. Durante uma viagem que fazia à montanha T'ien-t'ai, veio a conhecer um estranho monge. Os dois tornaram-se amigos e passaram a viajar juntos.

Quando chegaram a um córrego que havia transbordado, o monge pediu a Huang-po que o acompanhasse na travessia. Huang-po perguntou: "O córrego está tão fundo! Tem certeza de que conseguiremos atravessá-lo?".

O monge arregaçou as calças e atravessou o córrego como se caminhasse em solo plano. Chegando ao outro lado, virou-se e chamou: "Vem!".

Huang-po gritou de volta: "Ah, sujeito dedicado ao próprio aperfeiçoamento[6]. Se eu soubesse que você era assim, teria quebrado suas pernas".

Envergonhado, o monge disse: "Você é um verdadeiro seguidor do Mahayana. Não me comparo a você". E, então, desapareceu.

---

[6] Um sujeito dedicado ao autoaperfeiçoamento preocupa-se exclusivamente com sua própria libertação.

O estado de Buda nunca será alcançado por quem se preocupe unicamente com a própria evolução. Para os *bodhisattvas* que estiverem trilhando o caminho para a budeidade, auxiliar os demais será sempre o principal dos interesses.

40
INDO PARA O INFERNO

Alguém certa vez perguntou ao mestre Ch'an Chao-chou: "Mestre, depois de falecerem, para onde vão pessoas como o senhor, de perfeita virtude e sabedoria?".

Chao-chou respondeu: "Para o inferno".

Perplexo com tal resposta, o perguntador quis saber: "Mas como? Como é possível?".

Chao-chou explicou: "Se eu não for para o inferno, quem é que vai te salvar de lá?".

O voto de Chao-chou de ir para o inferno assemelha-se ao grandioso voto de Ti-tsang [*o bodhisattva* Kshitigarbha], que declarou: "Se eu não for para o inferno, quem irá?". Grandiosos votos como esses só podem ser feitos por indivíduos de grandiosa compaixão.

41

DRAGÃO GERA DRAGÃO

O mestre Ch'an Tan-hsia foi visitar o mestre Ch'an Hui-chung. Quando chegou, este repousava. Então, Tan-hsia perguntou a Tan-yüan, um discípulo de Hui-chung: "O mestre Ch'an se encontra em casa?".

Tan-yüan começara a praticar o Ch'an recentemente e queria se exibir. Assim, respondeu: "Ele está aqui, mas não está recebendo visitas".

"Por que não?", quis saber Tan-hsia.

Tan-yüan se exaltou e comentou: "Ainda que você tivesse os olhos do Buda, não conseguiria vê-lo".

Tan-hsia suspirou fundo e disse: "Dragão gera dragão, fênix gera fênix".

Quando Hui-chung acordou, Tan-yüan contou-lhe sobre a visita de Tan-hsia e sua conversa. Findo o relato, Hui-chung deu vinte chibatadas no discípulo e expulsou-o do templo.

Ao ser informado sobre o que havia feito Hui-chung, Tan-hsia ficou muito impressionado e disse: "Hui-chung é um verdadeiro mestre Ch'an".

O Ch'an não é algo de que possamos nos gabar. Tan-yüan foi castigado com vinte chibatadas por sua jactância, e Tan-hsia elogiou Hui-chung por expulsar do templo aquele discípulo. Isso demonstra que um adepto do Ch'an não faz discriminação, e isso é, de fato, a verdadeira arte do Ch'an.

42

NÃO CONSEGUINDO EMPREGAR A MENTE COTIDIANA

Um noviço foi à sala de aula e perguntou: "Mestre, sempre meditei, recitei os sutras, dormi e acordei cedo. Não há impurezas em minha mente. Desde que me tornei seu discípulo, ninguém trabalhou tão duro quanto eu. Por que ainda não alcancei a iluminação?".

O mestre deu ao discípulo uma cabaça, um punhado de sal e disse: "Vá, encha esta cabaça de água e dissolva nela o sal. Aí, você alcançará a iluminação".

O noviço obedeceu às instruções. Depois de um tempo, retornou ao mestre e disse: "Pus o sal na cabaça, mas ele não se dissolveu. Tentei usar um graveto, mas a boca da cabaça é muito estreita e não consegui mexer a água. Portanto, ainda não consegui me iluminar".

O mestre pegou o recipiente, despejou um pouco da água, chacoalhou-o um pouco e o sal se dissolveu. Então, gentilmente disse ao noviço: "Ainda que você tenha se empenhado, se não souber utilizar a mente cotidiana, como vai chegar à iluminação? É como uma garrafa cheia de água, que não se pode agitar ou mexer: como poderia o sal se dissolver?".

O noviço indagou: "Quer dizer que podemos nos iluminar sem nos esforçar assiduamente para tal?".

O mestre respondeu: "Praticar é como tocar um instrumento musical. Se forem demasiadamente esticadas, as cordas arrebentam. Se ficarem muito frouxas, nenhum som sairá delas. O caminho do meio e a mente cotidiana formam a base da iluminação".

O noviço compreendeu.

Realizações não resultam exclusivamente da persistência; tampouco pode nos beneficiar a simples memorização dos livros. É importante deixar algum espaço para nos movimentar e tempo para pensar. Avançar em ritmo que não seja demasiadamente rápido ou lento e trabalhar de forma que não seja nem obsessiva nem preguiçosa constituem o caminho para a iluminação.

43

PATOS SELVAGENS

Uma vez, estavam os mestres Ch'an Ma-tsu e Pai-chang fora do templo quando viram passar um bando de patos selvagens em pleno vôo.

Ma-tsu perguntou: "Que aves são aquelas?".

"Patos selvagens", respondeu Pai-chang.

"Para onde voam?", continuou Ma-tsu.

"Eles já passaram", disse Pai-chang.

Nisto, Ma-tsu agarrou o nariz de Pai-chang, que gritou de dor.

Ma-tsu indagou: "Você não disse que eles já passaram?".

Pai-chang retornou a seu quarto e berrou. Todos quiseram saber: "O que aconteceu?".

Pai-chang respondeu: "Vão perguntar ao mestre".

Quando foram falar com Mestre Ma-tsu, ele disse: "Ele sabe. Perguntem a ele".

Quando retornaram para falar com Pai-chang, encontraram-no rindo. Todos ficaram confusos e perguntaram: "Antes, você estava chorando. Por que está rindo agora?".

"Estava chorando antes e estou rindo agora", foi a resposta.

Ninguém entendeu o que estava acontecendo.

No dia seguinte, quando Ma-tsu havia acabado de subir à plataforma para palestrar, Pai-chang pegou sua esteira e deixou a sala de aula.

Ma-tsu desceu da plataforma e seguiu-o.

"Por que você saiu quando eu ia ensinar?"

Pai-chang explicou: "Hoje meu nariz não está mais doendo".

"Você entendeu perfeitamente o ocorrido ontem."

O motivo de nossa ilusão é a separação causada pela relatividade do tempo e do espaço e a confusão resultante da transmigração de nascimento e morte. Os patos selvagens não passaram, foram formas ilusórias que passaram. Pai-chang chorou e depois riu, e ambas são reações humanas normais. Quando for hora de chorar, choremos. Na hora de rir, riamos. De acordo com um ditado Ch'an: "Quando o grande assunto não for compreendido, devemos lamentar como se houvessem morrido nossos pais. Quando o grande assunto for compreendido, devemos também lamentar como se nossos pais houvessem falecido". Em ambos os casos, choramos, mas por razões diferentes, dependendo da compreensão que tenhamos a respeito de nossa própria verdadeira natureza.

44

"MIM" DE PONTA-CABEÇA

Um dia, um noviço perguntou ao mestre Ch'an Wu-ming: "Mestre, você disse que, para praticar o budismo, devemos fazer o grande voto de salvar todos os seres. Mas e se uma pessoa for tão má que nem possa ser considerada um ser humano, devemos salvá-la ainda assim?".

O mestre não respondeu de imediato. Passado um momento, tomou de sua pena, escreveu de cabeça para baixo o ideograma chinês que significa "mim" e perguntou: "O que é isso?".

"Um ideograma escrito de cabeça para baixo."

"Que ideograma é esse?", perguntou o mestre.

O noviço respondeu: "Mim".

"Será que 'mim' de ponta-cabeça pode mesmo ser considerado um ideograma?"

"Não", respondeu o noviço.

"Então, por que você disse que é 'mim' se ele não pode ser um ideograma?"

Ao que o noviço mudou de idéia e disse: "É... Talvez possa ser considerado um ideograma".

O mestre contestou a resposta: "Se você diz que é um ideograma, por que diz que está de ponta-cabeça?".

O noviço não soube responder.

"Um ideograma escrito corretamente é um ideograma, tanto quanto aquele escrito de cabeça para baixo", continuou o mestre. "Você disse que o ideograma era 'mim' e reconheceu que estava escrito de ponta-cabeça porque já sabia como se escreve 'mim' corretamente. Por outro lado, se você não conhecesse o ideograma e eu o tivesse escrito de cabeça para baixo, você não saberia a diferença. Se alguém lhe dissesse que 'mim' de ponta-cabeça era o correto, na próxima vez que você visse 'mim' escrito corretamente iria pensar que estava de cabeça para baixo."

O mestre explicou ainda: "Da mesma forma, não existe diferença entre uma pessoa boa e uma pessoa má. Independentemente de a pessoa ser boa ou má, você deve auxiliá-la a expressar sua verdadeira natureza. Não é difícil de ser corrigido o comportamento daquele que tem clareza a respeito de sua verdadeira natureza".

Como budistas, não devemos ajudar unicamente os virtuosos, mas auxiliar ainda mais os malfeitores. O lótus puro surge da lama suja. Assassinos que baixem suas armas são Budas em potencial.

O bem e o mal só se diferenciam por um simples pensamento. "Bem e mal são ambos Darmas, mas o Darma, em si, não contém bem nem mal." Da perspectiva da verdadeira natureza, toda pessoa é digna de ser salva.

45

ESSAS PALAVRAS NÃO SÃO SUAS

Chegando à vila de Hsüeh-feng, o mestre Ch'an Wen-yen, que pretendia visitar o mestre Ch'an Hsüeh-feng, perguntou a um noviço que encontrou: "Você vai subir a montanha hoje?".

"Vou", respondeu o noviço.

Então, Mestre Wen-yen pediu: "Por favor, leve uma mensagem a Mestre Hsüeh-feng para mim, mas não diga que a mensagem é minha".

O noviço concordou.

Wen-yen também instruiu: "Vá até a montanha. Quando vir a assembléia reunida para a palestra do abade, poste-se à frente dele, segure seu próprio pulso e diga: 'Velho, por que não remove a corrente de ferro que lhe prende o pescoço?'".

O noviço obedeceu às instruções de Mestre Wen-yen. Ao ouvi-lo, Mestre Hsüeh-feng desceu de seu assento, agarrou o noviço e ordenou: "Fale, rápido! Fale, rápido!".

O noviço não soube o que dizer.

Hsüeh-feng empurrou-o e disse: "Essas palavras não são suas".

O noviço insistiu: "São minhas, sim".

Hsüeh-feng, em voz muito alta, ordenou: "Tragam-me a corda e o cajado".

Amedrontado, o noviço confessou: "O senhor está certo, essas palavras não são minhas. Mestre Wen-yen, de Che-kiang, que está na vila, mandou que eu as dissesse".

Então, Hsüeh-feng virou-se para a assembléia e disse: "Vão à vila e recebam o professor de quinhentos seguidores".

No dia seguinte, quando encontrou Wen-yen, Hsüeh-feng perguntou-lhe: "Como você conseguiu alcançar esse estágio?".

Em resposta, Wen-yen simplesmente abaixou a cabeça e ficou ali para ouvir os ensinamentos de Hsüeh-feng.

No mundo do Ch'an, o real não pode se tornar falso e o falso não pode ser real. Independentemente de ser ou não iluminado, ninguém consegue escapar aos olhos de um ser iluminado.

46
VAMOS!

O nobre Li, da vila de Lung-te, nutria grande respeito pelo mestre Ch'an Shan-chao e mandou convidá-lo para o cargo de abade do Templo Cheng-t'ien. Entretanto, o mestre detestava a rotina das tarefas administrativas. O mensageiro insistiu. Mestre Shan-chao questionou seus discípulos: "Não poderia abandoná-los e ir embora, mas, se eu quiser levá-los, vocês não conseguirão me acompanhar".

Um dos discípulos disse confiantemente: "Mestre, vou acompanhá-lo, porque consigo andar 130 quilômetros em um dia".

O mestre meneou a cabeça e suspirou: "Você é muito lento. De forma alguma conseguiria me acompanhar".

Outro discípulo entusiasticamente se prontificou: "Eu vou! Consigo andar 190 quilômetros por dia".

De novo, o mestre meneou negativamente a cabeça: "Lento demais, lento demais".

Os discípulos começaram a se perguntar qual seria a velocidade de caminhada do mestre.

Outro discípulo aproximou-se lentamente e prostrou-se diante dele, dizendo: "Mestre, eu vou com o senhor".

O mestre perguntou: "A que velocidade você anda?".

O discípulo respondeu: "A mesma que a sua".

Satisfeito com a resposta, Mestre Shan-chao exclamou: "Muito bem! Vamos!" e morreu em seguida com um sorriso nos lábios.

O discípulo também faleceu, ali mesmo, ao lado do mestre.

Os verdadeiros praticantes do Ch'an não se motivam pela fama ou pelo lucro, tampouco temem o nascimento ou a morte. Porque tinha se libertado dos apegos mundanos, Shan-chao não queria ser abade.

47

VÁ EMBORA

Certa vez, Mestre Huang-lung Hui-nan, da Escola Ch'an, perguntou a um noviço que estava de pé a seu lado: "Existem centenas, milhares de formas de se chegar ao *samadhi* e ilimitadas maneiras de se praticar. Se eu lhe passasse a técnica com uma única frase, você acreditaria em mim?".

O noviço respondeu: "Se for o ensinamento do mestre, não seria tolo de minha parte não acreditar nele?".

Huang-lung apontou para o lado esquerdo e gritou para ele: "Venha aqui!".

O noviço estava prestes a se mover quando o mestre bronqueou: "Perseguindo sons e formas... quando isso vai ter fim? Vá embora".

Outro noviço soube do incidente e foi ter com o mestre. Quando lhe foi feita a mesma pergunta, ele respondeu: "Não seria tolo de minha parte não acreditar?".

Huang-lung apontou para o lado direito e disse: "Venha aqui!".

O noviço não se moveu.

Apesar disso, o mestre bronqueou: "Você veio aprender comigo e, no entanto, não me obedece. De que serve sua presença? Vá embora".

Quando um praticante do Ch'an ainda não se iluminou, tudo o que faz é incorreto. Quando se é iluminado, o universo inteiro contém o ensinamento do Buda.

    O correto não era ir para a esquerda nem para a direita, porque os noviços ainda não haviam começado a conhecer sua verdadeira natureza.

48

GRANDE CORAGEM

Enquanto o mestre Ch'an Yin-feng empurrava um carrinho cheio de coisas na montanha Wu-t'ai, o mestre Ch'an Ma-tsu Tao-i descansava com as pernas esticadas bem no meio da estrada. Para poder passar, Mestre Yin-feng pediu a ele que encolhesse as pernas, mas Ma-tsu retrucou: "Nada disso! Eu só vou esticar as pernas, não encolhê-las".

Yin-feng gritou: "E eu vou só prosseguir, não pretendo recuar". Nenhum estava disposto a ceder.

Yin-feng empurrou o carrinho por cima das pernas de Ma-tsu, machucando-o. Ao retornar ao templo, Ma-tsu imediatamente chamou todo mundo para o salão de ensinamentos. Segurando um machado, disse: "Aquele que acabou de machucar minhas pernas, apresente-se".

Yin-feng aproximou-se e ofereceu a Ma-tsu o pescoço. Então, Ma-tsu depôs o machado e disse: "Você é determinado quanto à sua decisão e não apresenta dúvidas. Agora, não há nenhum lugar neste universo aonde não possa ir".

Yin-feng prostrou-se ante Ma-tsu e depois saiu da sala em posição semicurvada.

Ma-tsu elogiou-o dizendo: "Aquele que sabe avançar quando o momento é de avançar e retroceder quando o momento é de retroceder é um verdadeiro praticante do Ch'an".

O comportamento dos praticantes do Ch'an às vezes pode parecer estranho. A verdade, porém, é que eles estão apenas aplicando sua prática à vida cotidiana. É necessário ter muita coragem para avançar quando o momento é para tal e para retroceder quando o momento pede isso.

49
NÃO PENSANDO NEM NO BEM NEM NO MAL

Mestre Hui-neng, sexto patriarca da Escola Ch'an, fugiu para o sul com o hábito e a tigela depois de herdar o ensinamento do mestre Ch'an Hung-jen. Quando essa notícia se espalhou, um praticante chamado Chen Hui-ming se pôs a perseguir Hui-neng. Assim que o alcançou, Chen Hui-ming declarou que procurava apenas o Darma, não o hábito e nem a tigela, e em seguida suplicou a Hui-neng que lhe ministrasse tal conhecimento.

Hui-neng respondeu: "Se é realmente o Darma que você quer, abra mão do apego e do pensamento ilusório. Somente então lhe ensinarei o Darma". Transcorridos alguns instantes, Hui-neng perguntou: "No exato momento em que você não está pensando nem em algo ruim nem em algo bom, qual é seu rosto original?".

Ao ouvir tais palavras, Hui-ming obteve a compreensão, mas continuou a implorar a Hui-neng que lhe transmitisse os ensinamentos profundos. Este lhe este respondeu: "Se eu pudesse falar sobre eles, não seriam profundos. Se empreender uma busca interior, você encontrará o ensinamento profundo dentro de seu próprio coração".

Emocionado, Hui-ming disse: "Estive sob a orientação de Mestre Hung-jen por muito tempo. Apesar disso, nunca cheguei a conhecer meu verdadeiro eu. Agora, finalmente compreendo a mim mesmo 'como alguém que bebeu a água e sentiu por si próprio seu calor e seu frio'".

Hui-ming alcançou a compreensão pelas palavras que ouviu de Hui-neng. Contudo, se não houvesse praticado sob a orientação de Hung-jen, provavelmente não teria compreendido coisa alguma. O momento presente é, na verdade, uma continuação do passado. Nenhum tipo de fenômeno acontece caso não estejam dadas as condições corretas.

50
VAZIO E NÃO-EXISTÊNCIA

Certo dia, o mestre Ch'an Fo-yin estava palestrando sobre o Darma. Su Tung-p'o soube disso e correu até lá. Quando chegou, porém, todos os assentos já estavam tomados. Vendo o que acontecia, o mestre disse: "Todos os assentos já estão ocupados. Temo que não haja mais espaço, Sr. Su".

Su imediatamente retorquiu: "Dado que não há mais assentos disponíveis, usarei seu corpo, que é composto dos quatro elementos e dos cinco agregados[7], para poder me sentar".

Sentindo que Su Tung-p'o o estava desafiando para um debate Ch'an, Fo-yin disse: "Sr. Su, quero perguntar-lhe algo. Se conseguir responder, o corpo deste velho monge servirá como seu assento. Caso contrário, terá de deixar seu cinturão de jade para o templo". Confiante em que seria capaz de responder a qualquer pergunta, Su aceitou o desafio.

Mestre Fo-yin perguntou: "Uma vez que os quatro elementos são vazios e os cinco agregados são não-existentes[8], onde você vai se sentar?".

---

7 Terra, água, fogo e ar são os quatro elementos, enquanto os cinco agregados que compõem os seres sencientes são: forma, sensação, percepção, atividade e consciência.

8 Essa doutrina do vazio é exposta no *Sutra Coração*.

Se o corpo físico se compõe de substâncias que, em última análise, carecem de realidade material, como poderíamos nos sentar sobre ele? Foi assim que Su perdeu seu cinturão de jade, que até hoje se encontra no Templo Chin-shan.

OBRAS CITADAS

Sutra Avatamsaka
Sutra Coração
Sutra Prajna

GLOSSÁRIO

Arhat (sânscrito): "merecedor", alguém que alcançou o mais elevado nível de "não mais o que aprender" no caminho religioso e que tenha a certeza de que todas as impurezas e paixões foram extintas e não mais surgirão no futuro. Para os primeiros praticantes do budismo, o *arhat* era a meta ideal da prática. Sendo essa meta individual, contrasta com o caminho do *bodhisattva*, que busca a libertação de todos os seres sencientes.

Bhutatathata (sânscrito): "substância da existência"; a realidade, em oposição às aparências do mundo fenomenal. *Bhutatathata* apresenta-se imutável e eterna, ao passo que as formas e aparências surgem, mudam e desaparecem. Nos textos Mahayana, utiliza-se esse conceito como sinônimo de realidade absoluta ou suprema.

Bodhi (sânscrito: "iluminação"): iluminação, suprema compreensão. O despertar do ser para sua própria natureza búdica. Também é assim chamada a árvore sob a qual o Buda Shakyamuni se iluminou.

Bodhidharma: primeiro patriarca do budismo Ch'an e 28º do budismo indiano. Foi da Índia para a China no século VI da Era Comum (E.C.) É a ele que se refere o famoso *kung-an* "O que significa o patriarca ter vindo do Ocidente?".

Bodhisattva (sânscrito): *bodhi*, "iluminação"; *sattva*, "ser"; literalmente, "ser iluminado". Alguém em busca da budeidade, ou libertação, e que pratica as Seis Perfeições (*paramitas*). Os *bodhisattvas* adiam sua passagem para o nirvana e permanecem no mundo para ajudar os demais na conquista da iluminação, sendo esse conceito a principal característica do budismo Mahayana.

Buda (sânscrito e páli: *Buddha*): literalmente, "O Desperto", o iluminado, aquele que está liberto da ignorância e inundado de suprema sabedoria (*prajna*). Existem incontáveis Budas no universo.

Buda Shakyamuni: Buda histórico que ensinou o Darma na Terra (463-383 a.E.C.). Fundador do budismo, nasceu na Índia. Do sânscrito, seu nome significa: "sábio da tribo dos Shakya".

Carma (sânscrito): literalmente, "ato" ou "ação". Lei universal de causa e efeito. Todos os atos intencionais produzem efeitos sob certas circunstâncias; quando o momento amadurece, o efeito recai sobre o responsável. Os efeitos de um ato podem ser vivenciados imediatamente, após muito tempo ou mesmo em outras vidas.

Darma (sânscrito): Em páli, *Dhamma,* "carregando", "segurando". O cerne da forma como o budismo vê a realidade e também o papel que desempenhamos nessa realidade. Tem vários significados, como a lei cósmica que se manifesta em todos os fenômenos; o ensinamento do Buda; o comportamento moral e as regras éticas; a realidade do estado geral das coisas; coisa; fenômeno; conteúdo mental; objeto de pensamento; idéia – o reflexo de algo na mente humana; termo para os assim chamados "fatores da existência", considerados os blocos constituintes da personalidade empírica e seu mundo.

Darmakaya (sânscrito: "corpo do Darma", "corpo da grande ordem"): a natureza do Buda, que é idêntica à realidade transcendental. A unidade do Buda com tudo o que existe. Um dos três corpos do Buda (*Trikaya*), sendo *Sambhogakaya* e *Nirmanakaya* os outros dois.

Deva (sânscrito): ser celestial ou deus. Classe de habitantes de um dos reinos superiores de existência, que reside nos felizes mundos celestiais, mas que, como todos os seres, está sujeita ao ciclo de renascimento. Como resultado de boas ações anteriores, eles gozam de vida longa e feliz. Contudo, tal felicidade representa o principal obstáculo à sua iluminação. Por causa desse sentimento, os *devas* não conseguem compreender a verdade do sofrimento.

Espanador Ch'an (chinês: *fu-tzu*): emblema da autoridade do mestre e importante instrumento pedagógico na metodologia Ch'an, sendo empregado para comunicar um ensinamento através de gestos, sem o emprego de palavras. Consiste em um bastão com cerdas, como um grande pincel. Simbolicamente, ferramenta para a remoção do pó (ignorância) de uma superfície (o espelho da mente original).

Gênese condicionada (sânscrito: *pratitya-samut-pada*): ensinamento fundamental de todas as escolas do budismo, segundo o qual todos os fenômenos mentais e físicos da existência individual são interdependentes e condicionam-se mutuamente. Ao mesmo tempo, a expressão descreve como os seres sencientes se emaranham no *samsara.* (ver abaixo)

Jóia Tríplice (sânscrito: *Triratna*): os três componentes essenciais do budismo: o Buda, o Darma e a Sanga. Em outras palavras, o mestre, a doutrina por ele exposta e os seguidores que vivem de acordo com tal doutrina.

Kuan-yin (sânscrito: "Aquele que ouve todos os sons do mundo"): versão chinesa do *bodhisattva* Avalokiteshvara, de poder e compaixão infinitos; em chinês, Kuan Yin Pu Sa. Um dos mais grandiosos *bodhisattvas* do budismo Mahayana. O *bodhisattva* Avalokiteshvara pode se manifestar sob qualquer forma para dar auxílio onde quer que seja necessário. Diz a tradição que tem mil olhos e mãos para poder salvar todos os seres sencientes e aplacar seus temores. Na iconografia, quando o budismo se espalhou pela China, passou a ser representado sob forma feminina, por estar associado à compaixão maternal.

Kung-an: literalmente, "documento público", pois originalmente diz respeito à ação jurídica que constituía um precedente. Popularizada na forma japonesa *koan*, essa palavra significa um pensamento que contém um paradoxo. No Ch'an, frase de um sutra, episódio da vida de um mestre, ensinamento sobre a compreensão do Ch'an que apontam a natureza da realidade suprema. Essencial no *kung-an* é o paradoxo, ou seja, aquilo que se encontra além do raciocínio e transcende o lógico ou o conceitual. Assim, uma vez que não pode ser resolvido pelo emprego da razão, um *kung-an* não é um enigma comum; sua solução requer um salto para outro nível de compreensão.

Mahayana (sânscrito: "o grande veículo"): ramo do budismo difundido principalmente pelo norte da Ásia (China, Coréia, Japão e Tibet), que se diferencia do budismo primitivo, ou Hinayana, por propor o adiamento da conquista individual do nirvana em troca de ensinar aos outros o caminho da iluminação. Ensina a doutrina da salvação universal por meio dos esforços dos *bodhisattvas*. O budismo Mahayana enfatiza a compaixão, dando-lhe mais destaque que ao ascetismo. Conhecido também como o Budismo Setentrional, em oposição ao Budismo Meridional de Sri Lanka, Tailândia e Birmânia.

Manjushri (sânscrito: "Aquele que é nobre e gentil"): o *bodhisattva* da sabedoria. É geralmente retratado empunhando a espada da sabedoria, com duas flores de lótus na altura de sua cabeça, onde se vê um livro de sutras. Aparece, também, sentado sobre um leão, símbolo de majestade.

Não-mente (chinês: *wu-hsin*; japonês: *mu-shin*): expressão para "desapego da mente", estado de plena naturalidade, completamente livre do raciocínio e do sentimento dualistas.

Nirvana (sânscrito: "extinção"): meta última da prática budista. Extinção de todas as causas que levam ao ciclo de renascimentos e entrada em um outro modo de existência. Significa liberdade dos efeitos determinantes do carma e é um estado que pode ser desfrutado na vida atual.

Prajna (sânscrito: "sabedoria"): noção fundamental do budismo Mahayana, refere-se à sabedoria intuitiva que pode ser experimentada a qualquer momento e não se transmite por meio de conceitos ou termos intelectuais. Compreender *prajna* é tido como o mesmo que iluminação, sendo esta uma das marcas essenciais do estado de Buda.

Samadhi (sânscrito: "estabelecer", "firmar"): nível muito elevado de absorção meditativa; convergência da mente para um único objeto através da gradual tranqüilização da atividade mental. É um estado de consciência não-dualista em que sujeito e objeto tornam-se um.

Samsara (sânscrito: "viajando"): ilusão; atividade mental marcada pela ilusão, que mantém a mente aprisionada no ciclo de nascimento e morte. O ciclo de existência, a sucessão de renascimentos pela qual passa um ser em vários modos de existência antes de alcançar a libertação e o nirvana. É o carma que determina o tipo de nascimento a que se estará sujeito. Os três domínios, ou Três Mundos (*triloka*), que constituem o *samsara*, nos quais acontece o ciclo da existência, são o mundo do desejo (*kamadhatu*), o mundo da forma (*rupadhatu*) e o mundo sem-forma (*arupadhatu*).

Sanga (sânscrito: "multidão"): a comunidade budista; todos os seguidores do budismo. Em chinês, o termo "sanga" geralmente se refere apenas a monges e monjas, mas, de uma perspectiva mais ampla, a sanga também inclui os seguidores leigos. Juntamente com o Buda e o Darma, compõe a Jóia Tríplice.

Shastra (sânscrito: "instrução", "livro didático"): comentários ou tratados sobre questões filosóficas da doutrina budista contidos nas escrituras (sutras), compostos por pensadores Mahayana. Os *shastras* constituem uma parte considerável do Tripitaka chinês.

Sutra (sânscrito: "cordões"; "aquilo que é amarrado por cordões"): referência às escrituras sagradas budistas, originalmente escritas sobre folhas de bananeiras costuradas umas às outras. Uma das coleções do Tripitaka, o cânone budista. É o registro escrito dos discursos proferidos pelo Buda Shakyamuni.

Tathagata (sânscrito: "Assim ido" ou "Assim vindo", referência ao fato de que o Buda vem e vai pela senda da iluminação): um dos dez títulos do Buda, usado por seus seguidores e, também, pelo próprio Buda. Em chinês, *Zu Lai*.

Tathagatagarbha (sânscrito: "ventre de Tathagata"): fonte de todos os fenômenos: tudo o que foi criado encontra-se no *Tathagatagarbha*, que é o ventre que dá nascimento a tudo. O *Tathagatagarbha* é também o repositório dos ensinamentos do Buda.

Terra Pura (chinês: *ching-t'u*; japonês: *jodo*): conhecida também como Reino dos Budas. De acordo com o budismo Mahayana, existem incontáveis Budas, assim como suas respectivas e incontáveis terras puras. Embora a crença popular seja de que essas terras puras são mundos de bem-aventurança geograficamente localizados, são representações de aspectos da mente desperta.

Ti-tsang: nome chinês do *bodhisattva* Kshitigarbha ("ventre da terra", em sânscrito), que é um dos mais importantes do budismo Mahayana. Fez o grande voto de adiar sua passagem para o nirvana e de permanecer no Reino do Inferno até que todos os seres sencientes de lá sejam libertados, ajudando-os a compreender a grandeza da Jóia Tríplice e da Lei de Causa e Efeito (Carma), para que não retornem a esse reino em uma vida futura. Por sua associação com o mundo dos mortos, os budistas chineses veneram *Ti-tsang Pu Sa* em cerimônias em homenagem aos falecidos.

Tonsura: ser tonsurado significa ter a cabeça raspada durante ritual que representa a ordenação ou aceitação em uma ordem monástica budista. Realizada tanto em monges como em monjas.

Yana (sânscrito: "veículo"): meio usado pelo praticante para seguir o caminho da iluminação. Os diferentes veículos correspondem a diferentes abordagens da "jornada espiritual". Em essência, as diferenças dizem respeito à postura básica do praticante e à forma de avançar no Caminho. Distinguem-se três veículos: Hinayana, Mahayana e Vajrayana. A prática dos três veículos ao mesmo tempo é conhecida como Ekayana, ou "Veículo Uno".

SOBRE O AUTOR

O Venerável Mestre Hsing Yün é o 48º patriarca do budismo chinês da Escola Ch'an (zen). Fundador da Ordem Budista Fo Guang Shan, sediada na ilha de Taiwan (República da China), nasceu na China continental em 22 de julho de 1927. Tornou-se monge noviço aos 12 anos e recebeu ordenação completa em 1941, prosseguindo seu treinamento monástico formal orientado desde cedo pelo voto de revitalizar o budismo e semear pelo mundo os ensinamentos do Buda.

Em 1949, quando a China continental foi envolvida na guerra civil, o monge Hsing Yün deixou sua terra natal e foi para Taiwan. Durante quase meio século, a força de seu voto, sua visão e seus esforços incansáveis influenciaram os estudos e práticas budistas em Taiwan, de onde espalhou o Darma para os cinco continentes, implantando templos, universidades, colégios budistas, bibliotecas especializadas, gráficas, galerias de arte e até uma estação de televisão e um jornal diário bilíngüe em edição impressa e pela Internet como meio de aproximar as pessoas do budismo.

Além disso, empreendeu iniciativas para aproximar as diferentes escolas budistas entre si e o budismo de outras religiões, num trabalho ecumênico pioneiro e de grande repercussão mundial.

Desde que deixou a função de abade de Fo Guang Shan em 1985 — a primeira sucessão de que se tem notícia na história do budismo —, viaja pelo mundo para propagar o Darma. Em 1988, fez inclusive uma visita à China continental, a primeira de uma comitiva budista desde a Revolução Cultural, para discutir o futuro do budismo naquele país.

A fim de juntar forças a seu trabalho de divulgação do budismo, fundou em 1990 a Associação Internacional Luz de Buda (Blia) em Taiwan. Em 1992, a sede mundial da Blia foi inaugurada nos Estados Unidos, onde o Venerável Mestre realiza intensos trabalhos acadêmicos em parceria com universidades da Califórnia desde meados dos anos 1970, tendo erguido nas proximidades de Los Angeles o Templo Hsi Lai, inaugurado em 1988. Desde então, mais de cem capítulos internacionais da Blia foram instalados, inclusive no Brasil, onde o budismo humanista do Venerável Mestre Hsing Yün também se faz presente. Em 2003, ele esteve em São Paulo para inaugurar o Templo Zu Lai, que, erguido em Cotia, coroa uma década de trabalhos no país e dá início a nova fase de intensas atividades religiosas, educacionais, culturais e sociais, que inclui o início de operação da Universidade Livre Budista Zu Lai.

Direção editorial
MIRIAN PAGLIA COSTA

Tradução
LUCIANA FRANCO PIVA

Revisão da tradução
CENTRO DE TRADUÇÃO FO GUANG SHAN / BRASIL

Preparação de texto e revisão de provas
MOACIR MAZZARIOL SOARES
BIA CORTÉS
MIRIAN PAGLIA COSTA

Capa e projeto gráfico
CAMILA MESQUITA

Editoração eletrônica
KLEBER KOHN / ETCETERA

Coordenação de produção
HELENA MARIA ALVES

Filmes
JOIN BUREAU (miolo)
GRAPHBOX (capa)

Impressão e acabamento
ASSAHI

Impresso no Brasil
Printed in Brazil

PRINCIPAIS TEMPLOS FO GUANG SHAN NOS CINCO CONTINENTES

AMÉRICA DO SUL

BRASIL

Templo Zu Lai
Estrada Municipal Fernando Nobre, 1.461
06705-490 – Cotia – SP

Tel: (55 11) 4612-2895
Fax: (55 11) 4702-5230
zulai@templozulai.org.br
www.templozulai.org.br

Centro de Cultura e Meditação Buddha's Light

Tel: (55 11) 4612-2895
Fax: (55 11) 4702-5230
zulai@templozulai.org.br
www.templozulai.org.br

IBPS Rio de Janeiro
Rua Itabaiana, 235 – Grajaú
20561-050 – Rio de Janeiro – RJ

Tel: (55 21) 2520-9058
zulai@templozulai.org.br
www.templozulai.org.br

Templo Fo Guang Shan – Olinda
Av. Ministro Marcos Freire, 2095 – Casa Caiada
53130-540 – Olinda – PE

Tel: (55 81) 3432-0023
Tel/fax: (55 81) 3429-1194

IBPS Argentina
Av. Cramer 1.733
1426 Buenos Aires – Argentina

Tel: (54 1) 4786-9969
Fax: (54 1) 4788-6351
sjekai@hotmail.com
sjekai@sinamail.com
fgsamag5c@mail.fgs.org.tw
www.blia.org/argentina

IBPS Chile
Santa Amélia Parcela, 8
Casilla, 435 – Talagante
Santiago – Chile

Tel: (56 2) 817-2024
Fax: (56 2) 817-3838

IBPS Paraguay
Av. Adrian Jara 660, Piso 5
Centro Shopping International
Ciudad del Este – Paraguay

Tel: (595 61) 500-952 / 511-573
Fax: (595 61) 510-269
ibpscdepy@yahoo.com.tw
ibpscdepy@hotmail.com

IBPS Asunción
Av. Perón, 3571 Lambaré
Asunción – Paraguay

Tel: (595 21) 903-821
Fax: (595 21) 907-941
ibpsasupy@yahoo.com.tw
ibpsasupy@hotmail.com

AMÉRICA CENTRAL

IBPS Costa Rica
773-1200 Pavas – San José – Costa Rica

Tel: (506) 231-4200 / 290-2635
Fax: (506) 290-1584
fgsamcr5e@mail.fgs.org.tw

AMÉRICA DO NORTE

Hsi Lai Temple
3456 S. Glenmark Drive,
Hacienda Heights, California 91745 – USA

Tel: (1 626) 961-9697
Fax: (1 626) 369-1944
info@hsilai.org
www.hsilai.org
www.ibps.org

IBPS Vancouver
6680-8181 Cambie Road, Richmond
British Columbia V6X 1J8, Vancouver – Canada

Tel: (1 604) 273-0369
Fax: (1 604) 273-0256
vanibps@telus.net

ÁFRICA

Nan Hua Temple (IBASA)
11, Fo Guang Road
PO Box 741
Bronkhorstspruit 1020 – South Africa

Tel: (27 13) 931-0009
Fax (27 13) 931-0013
nanhua@netactive.co.za
www.nanhua.co.za

ÁSIA

Fo Guang Shan (Monastério Central)
Ta Shu, Kaohsiung 840,
Taiwan – Republic of China

Tel: (886 7) 656-1921 ~ 8
Fax: (886 7) 656-2516
webmaster@mail.fgs.org.tw
www.fgs.org.tw

The Buddhist Chinese Temple
FGS Buddhist College India
Sarnath, Varanasi 221007 – India

Tel: (91 542) 586-280
chueming@hotmail.com

EUROPA

Paris Vihara Fo Guang Shan
Chateau Launoy, Renault 77510
Verdelot Paris Vihara Fo Guang Shan – France

Tel: (33 1) 6403-7555
fgseufr5j@mail.fgs.org.tw

OCEANIA

Nan Tien Temple
Berkeley Road,
Berkeley, N.S.W. 2506 – Australia

Tel: (61 2) 4272-0600
Fax: (61 2) 4272-0601
nantien@ozemail.com.au
fgsnau5w@mail.fgs.org.tw
www.ozemail.com.au/~nantien/

CULTIVANDO O BEM
Venerável Mestre Hsing Yün

Leitura para pôr alma em tudo o que se faz. O mestre chinês Hsing Yün, famoso por inovar na divulgação do budismo, mostra como melhorar a qualidade de vida no cotidiano usando os ensinamentos do Buda, que são sintetizados em 33 lições extremamente tocantes por seu cunho amoroso e sereno. Todas se iniciam com um trecho de textos sagrados, que o venerável mestre interpreta e coloca em contexto. Sem perder de vista a prática e a ética que deve ser vivida no dia-a-dia.

(co-edição Cultura/BLIA/Templo Zu Lai)

Brochura 16x23 - 200 págs.
ISBN: 85-293-0067-x

BUDISMO PURO E SIMPLES
Comentário sobre o Sutra das Oito Percepções dos Grandes Seres
Venerável Mestre Hsing Yün

Como se comportar para atingir a iluminação e o nirvana? A essa pergunta, feita por um discípulo, o Buda respondeu com as Oito Percepções dos Grandes Seres. Ao comentar o sutra, o patriarca do budismo Ch'an envolve o leitor em sabedoria e poesia, mostrando o caminho para o auto-aperfeiçoamento e como ajudar os outros a descobrirem sua natureza búdica.

(co-edição Cultura/BLIA/Templo Zu Lai)

Brochura 16x23 - 152 págs.
ISBN: 85-293-0085-8

BUDISMO: SIGNIFICADOS PROFUNDOS
Venerável Mestre Hsing Yün

Os ensinamentos fundamentais do Buda para quem deseja ir além da filosofia e conhecer o budismo como religião. Em quinze capítulos redigidos em linguagem simples e clara, este livro tanto usa os sutras quanto o estilo "perguntas mais freqüentes" para esclarecer o leitor, abordando temas como carma, nirvana, vazio, mente búdica, importância da moralidade etc. Trechos de poemas e parábolas ilustram os conteúdos com perfeita adequação.

(co-edição Cultura/BLIA/Templo Zu Lai)

Brochura 16x23 - 192 págs.
ISBN: 85-293-0088-8

SUTRA DO BUDA DA MEDICINA
Com introdução, preces, comentários e o ensaio "Budismo, medicina e saúde"
Venerável Mestre Hsing Yün

Aqui, o patriarca do budismo Ch'an apresenta os doze grandiosos votos realizados pelo Buda da Medicina para ajudar a livrar os seres sencientes das dores físicas e psicológicas. Além de interpretar e comentar o sutra, que é um dos mais populares textos sagrados do budismo, ele mostra ainda as preces e devoções que se fazem para pedir-lhe ajuda e inclui um ensaio sobre budismo e medicina.

(co-edição Cultura/BLIA/Templo Zu Lai)

Brochura 16x23 - 104 págs.
ISBN: 85-293-0092-0

ESPALHANDO A LUZ
Hsing Yün : uma vida dedicada ao Dharma Fu Chi-Ying

Biografia do 48º patriarca do budismo Ch'an (Zen), líder espiritual que difundiu a visão de uma religião voltada para a vida moderna. Presente no Brasil há mais de dez anos, seu budismo humanista inovou na formação de monges e monjas para servir à comunidade e é responsável pela recuperação do patrimônio cultural budista e sua difusão por meio de traduções e publicações.

(co-edição Cultura/BLIA/Templo Zu Lai)

Capa dura 16x23 - 420 págs.
ISBN: 85-293-0081-5

HISTÓRIAS CH'AN (vol. I)
Comentadas pelo Venerável Mestre Hsing Yün

Espirituosos, os contos aqui apresentados servem como introdução às maravilhas do Ch'an (Zen) e dispensam conhecimento prévio da filosofia budista. No ensino do Ch'an, as palavras são consideradas obstáculos para a realização. No entanto, é através delas que a essência pode ser captada. Os comentários do Venerável Mestre nos orientam nessa trajetória.

(co-edição Shakti / BLIA / Templo Zu Lai)

Brochura 16x23 - 128 págs.
ISBN: 85-85488-16-6

Nossos livros têm distribuição nacional.
Se não encontrá-los em sua livraria predileta, faça contato.
sac@editoradecultura.com.br

Formato   16 x 23 cm
Mancha   12 x 18,5 cm
Tipologia   Minion e Univers
Papel   Cartão Supremo 250 g/m² (capa)
   Chamois Fine 80 g/m² (miolo)
Páginas   128